COISA DE MENINA?
UMA CONVERSA SOBRE GÊNERO, SEXUALIDADE, MATERNIDADE E FEMINISMO

PAPIRUS ◆ DEBATES

A coleção Papirus Debates foi criada em 2003 com o objetivo de trazer a você, leitor, os temas que pautam as discussões de nosso tempo, tanto na esfera individual como na coletiva. Por meio de diálogos propostos, registrados e depois convertidos em texto por nossa equipe, os livros desta coleção apresentam o ponto de vista e as reflexões dos principais pensadores da atualidade no Brasil, em leitura agradável e provocadora.

MARIA HOMEM
CONTARDO CALLIGARIS

COISA DE MENINA?
UMA CONVERSA SOBRE GÊNERO,
SEXUALIDADE, MATERNIDADE E FEMINISMO

PAPIRUS 7 MARES

Capa	Fernando Cornacchia
Fotos de capa	Alf Ribeiro e Max Calligaris
Transcrição	Nestor Tsu
Coordenação e edição	Ana Carolina Freitas
Diagramação	DPG Editora
Revisão	Isabel Petronilha Costa

Dados Internacionais de Catalogação na Publicação (CIP)
(Câmara Brasileira do Livro, SP, Brasil)

Homem, Maria
  Coisa de menina? Uma conversa sobre gênero, sexualidade, maternidade e feminismo/Maria Homem, Contardo Calligaris. – Campinas, SP: Papirus 7 Mares, 2019. – (Coleção Papirus Debates)

ISBN 978-85-9555-025-4

1. Debates 2. Feminismo 3. Identidade de gênero 4. Maternidade – Aspectos sociais 5. Misoginia 6. Mulheres – Aspectos sociais 7. Sexualidade I. Calligaris, Contardo. II. Título. III. Série.

19-29213   CDD-305.42

Índice para catálogo sistemático:
1. Mulheres: Aspectos sociais: Sociologia   305.42

Iolanda Rodrigues Biode – Bibliotecária – CRB-8/10014

1ª Edição – 2019
7ª Reimpressão – 2025

Exceto no caso de citações, a grafia deste livro está atualizada segundo o Acordo Ortográfico da Língua Portuguesa adotado no Brasil a partir de 2009.

Proibida a reprodução total ou parcial da obra de acordo com a lei 9.610/98.
Editora afiliada à Associação Brasileira dos Direitos Reprográficos (ABDR).

DIREITOS RESERVADOS PARA A LÍNGUA PORTUGUESA:
© M.R. Cornacchia Editora Ltda. – Papirus 7 Mares
R. Barata Ribeiro, 79, sala 316 – CEP 13023-030 – Vila Itapura
Fone: (19) 3790-1300 – Campinas – São Paulo – Brasil
E-mail: editora@papirus.com.br – www.papirus.com.br

Sumário

Gênero: Construção natural ou cultural?................................ 7

O ódio à mulher 16

A repressão ao corpo 27

"Lugar de fala" para todos 34

Somos verdadeiramente livres?... 43

Mãe também é mulher 57

Maternidade: Maior realização da vida?.................................. 67

Reconfigurar o pacto social 79

Objetificação e desejo 91

Limites entre o gozo e o assédio 103

Glossário 118

N.B. As palavras em **negrito** integram um **glossário** ao final do livro, com dados complementares sobre as pessoas citadas.

Gênero: Construção natural ou cultural?

Maria Homem – Acho bom que uma mulher e um homem debatam o feminino, embora dizer isso já seja complicado porque significa que estamos afirmando que há uma mulher e que há um homem, o que é polêmico para o pensamento contemporâneo. Será que eu sou mulher? Será que você é homem, Contardo?

Contardo – Houve um livro que me impressionou muito quando eu tinha pouco mais de 20 anos, no começo dos anos 1970: *Dalla parte delle bambine* –* *A favor das meninas* –, de **Elena Gianini Belotti**, uma escritora italiana. Nesse livro, ela falava do peso dos condicionamentos sociais na formação do papel feminino nos primeiros anos de vida das meninas.

---
* Publicado em 1973. (N.E.)

Belotti nos revelou como a cultura cria o que reconhecemos como sendo uma menina e, mais tarde, uma mulher adulta. Ou seja, a gente descobriu que o gênero é certamente algo que vem escrito nos caracteres sexuais do corpo, nos cromossomos, num balanço hormonal mais ou menos específico, mas, além disso, é também uma tremenda determinação cultural. Foi uma grande descoberta para a minha geração, porque, realmente, naquela época, era bastante novo pensar que o gênero não fosse só um corolário automático ou natural da diferença sexual. Então, com Belotti, descobri que não era assim, que existia uma história, uma cultura de gênero, e que o gênero era, pelo menos, construído, se não imposto, culturalmente.

Maria Homem – Eu diria, inclusive, que essa ideia de construção foi uma das mais importantes que tivemos, sobretudo na segunda metade do século XX. Já estava no clássico *O segundo sexo*,* de **Simone de Beauvoir**, com a famosa frase: "Não se nasce mulher, torna-se mulher". O que está em jogo é a percepção de que nós, humanos, construímos muitas coisas, conscientes disso ou não. Nossa maneira de pensar, as ideias que parecem mais "naturais" têm uma arqueologia, que mostra como foram construídas. É **Michel Foucault** que vai revelar as categorias com as quais pensamos e nas quais nos organizamos socialmente e como as construímos.

---

* Publicado em 1949. (N.E.)

Masculino/feminino – essa oposição é um dispositivo. Assim como razão/loucura, pobres/ricos, selvagens/civilizados... São todas construções culturais, nenhuma categoria é "natural". E, curiosamente, só pudemos descobrir que fazemos construções quando já estávamos beirando a metodologia quase inversa, que **Derrida** chamou de "desconstrução". Talvez seja assim mesmo: só entendemos o que fazemos quando não conseguimos mais dar conta daquele fazer inconscientemente, quando ele não é mais tão eficaz. Quando, então, Elena Belotti escreve: "Do lado das meninas, vou contar como é", ou seja, "veja tudo o que a gente constrói", é porque aquilo já não se sustenta mais. E não vai sobrar pedra sobre pedra em todos os grandes edifícios que nos sustentaram. *O.k.*, há algumas pedrinhas que restam. Por exemplo, parece que as categorias de "pobres" e "ricos" nunca estiveram tão atuantes e com tantos mecanismos à sua disposição para se perpetuarem. Ou o que chamamos de polarização nos debates políticos atuais, quando organizamos o campo social como dividido entre civilizados e fascistas – os novos selvagens. Talvez as pedras sejam úteis para organizar o pensamento e não possam ser completamente demovidas dos cenários. Do contrário, os edifícios não se sustentariam. O problema é se apegar religiosamente à rigidez das paredes e a arquiteturas fixas. Afinal, a arquitetura humana é, ou deveria ser, sempre fluida. Somos seres pensantes e criativos, e felizmente podemos modificar nossas formas de enxergar o mundo.

Contardo – E um dos aspectos mais curiosos nesse debate sobre gênero é que, mesmo as pessoas que se apresentam como extremistas, no fundo não o são. No fundo, todo mundo entende que os corpos têm diferenças *macro*, ou seja, uma aparência diferente (caracteres sexuais aparentes), e *micro*, isto é, microscópicas, cromossômicas e hormonais. Essas diferenças físicas já são imperfeitas, e há um extenso catálogo de variantes, como homens e mulheres com caracteres externos de um sexo e internos do outro; com balanço hormonal mais próximo do sexo oposto, e até com cromossomos do sexo oposto. A ponto de que, talvez, os dois gêneros só existam no papel, por assim dizer, e o que temos de fato são corpos que se distribuem num contínuo de variantes possíveis, entre a "mulher" e o "homem". Em cima dessas diferenças entre os corpos físicos, que já são problemáticas, é como se nós fôssemos colando pedaços de história, linguagem, educação...

Essa espécie de cobertor cultural com o qual cobrimos esses corpos variados e diferentes tem lugares onde rasga, onde não pega, onde não chega, e simplesmente ele pode não corresponder ao que deveria cobrir. Cria-se assim uma série de acidentes e espaços de incertezas que são, por exemplo, as dificuldades de se reconhecer numa identidade, ou de se reconhecer numa identidade cultural que não cola bem com a biológica e inversamente. É a realidade das diferenças de gênero. E tudo isso é facilmente intuitivo e constatável para todo mundo, à condição de que as pessoas não estejam totalmente transtornadas por alguma ideologia que lhes impeça de enxergar os fatos ou, então, de que não sejam extremamente ignorantes. Só alguém realmente idiota pode achar que a diferença de gênero é uma consequência da diferença "natural" entre os supostos dois sexos.

Maria Homem – Uma afirmação desse tipo esconde uma base transcendente e é, em última instância, religiosa. A diferença "natural" e "fixa" entre dois sexos só pode existir como consequência da ideia de uma criação divina, de um garantidor quase teológico – um *Théos* anterior, inclusive, à natureza, que seria o autor de uma criação. Algo como: "E criou Deus o homem à sua imagem; à imagem de Deus o criou; homem e mulher os criou", como está escrito no Gênesis.

> **As categorias "homem" e "mulher" só conseguem existir no âmbito das palavras, do simbólico, e não na realidade vasta e complexa da natureza e muito menos na realidade mais vasta e mais complexa das relações humanas concretas.**

Enfim, as categorias "homem" e "mulher" só conseguem existir no âmbito das palavras, do simbólico, e não na realidade vasta e complexa da natureza e muito menos na realidade mais vasta e mais complexa das relações humanas concretas.

Contardo – Eu queria acrescentar uma coisa importante nesta altura para que se entenda qual é a situação do debate ao redor desse tema: tivemos, então, nos anos 1960 e 1970, a descoberta de que as identidades – não só a de gênero – são, pelo menos em grande parte, construções culturais – mesmo que sejam construções culturais em cima de corpos que têm um real próprio, específico, diferente do real dos outros. Nessas condições, uma tentação seria perguntar: mas por que precisamos de identidades de gênero? Afinal, cada corpo é diferente, e os papéis que correspondem ao gênero são propostos e impostos pela cultura. Por que não ficamos cada um com sua individualidade? Você, leitor, é homem ou mulher? Somos todos bichos únicos. Eu sou *holher* ou *mumem*, e você?

A questão é que a descoberta de que a identidade de gênero é uma construção cultural acontece ao mesmo tempo em que se afirma o movimento dos direitos civis. E, nesse momento, tanto o movimento feminista quanto o movimento *gay* ou o movimento LGBT+ sentiram a necessidade de identidades fortes, que servissem como identidades de defesa. Ou seja: "Não, homens e mulheres não são identidades fixas, não é tão simples assim, não são identidades que derivam apenas dos corpos que eles têm", mas, por outro lado, era urgente constituir identidades de defesa. Por exemplo, se lutamos contra uma sociedade, vamos dizer provisoriamente machista, paternalista, falocêntrica, então nós temos que primeiro construir uma identidade feminina na qual acreditar. "Nós somos as mulheres, os *gays* etc." – essas identidades são, provavelmente, falhas. Ou, pelo menos, artificiais. Mas se tornaram – e ainda são – necessárias.

Maria Homem – O próprio conceito de identidade, a própria ideia de uma identidade fixa, una e que precisa ser reiterada já é uma posição de luta. Portanto, de alguma maneira, a identidade é necessária para uma luta de resistência.

Contardo – Exatamente. Isso é complicado, porque a necessidade política das identidades de defesa torna um pouco difícil criticar a própria ideia de identidade. Talvez hoje um pouco menos.

Maria Homem – Acho que ainda vai demorar um pouco até termos uma equidade mínima entre os seres e podermos abrir mão dessa ideia.

Contardo – Mas você não acha que as feministas que realmente vale a pena ler hoje – sei que são as feministas mais periféricas do ponto de vista cultural – estão além dessa problemática? De certa forma, estão próximas de pensar que criticar a própria ideia de identidade, no fundo, é mais interessante – mesmo do ponto de vista da mudança social desejada ou produzida – do que se fechar numa construção de identidade feminina de defesa?

Maria Homem – Não só acho isso sobre as pessoas que pensam assim, como eu mesma, pessoalmente, acredito nisso. Por isso fui chamada para escrever este livro e convidei um homem para conversar comigo – você. Em primeiro lugar, por você ser alguém que há muitos anos reflete sobre a questão do feminino na cultura – e isso numa perspectiva bem longa, situando em milênios a misoginia que está no coração da fenda ocidental. Em segundo lugar, assumo, por você ser um homem, e eu querer marcar uma posição política. Eu não me colocaria num lugar de defensora das mulheres (contra os homens) ou de quase – vou provocar um pouco – fetichização do feminino, do feminismo como um lugar de falicização que seria necessário para demarcar um suposto território das mulheres. Também porque a luta contra a submissão, a exploração e a opressão é muito mais complexa. Afinal, o clássico de **Angela Davis** *Mulheres, raça e classe** continua vivo. Mas, ao mesmo tempo, talvez tenhamos que, por ora, tipificar mesmo as identidades, com todo o debate sobre o feminicídio ou a homofobia, por exemplo. E estabelecer cotas para mulheres nas instâncias de poder, no Congresso, nas universidades, nas empresas, nas cozinhas... Em todas as instâncias, enfim.

Contardo – Isso talvez não seja ruim para as mulheres, estar fora do Congresso... [*Risos*]

Maria Homem – No momento. Mas talvez seja ruim para o Brasil.

---

* Publicado em 1981, faz uma análise das estruturas racistas, classistas e sexistas que ordenam a sociedade, mostrando como elas se entrelaçam e se traduzem em opressão. (N.E.)

Contardo – Isso me ajuda a fazer um pequeno deslocamento: é claro que, na construção dessa identidade de defesa, não se trata somente de ter direito a isonomia salarial, a uma presença igual à da população masculina em geral nas faculdades, nos conselhos de administração, nas instituições políticas etc. Qualquer pessoa que tenha um pouquinho de experiência de vida e de mundo sabe que as instituições só ganhariam com isso. Para mim, essas são questões que escondem a gravidade do problema. O fato de que vivemos num mundo machista, aparentemente dominado pelos homens, eles mesmos tomados por suas próprias problemáticas identitárias, é relativamente fácil de resolver. É claro, leva tempo, mas é algo que está ao alcance da luta política, por exemplo. Na França, **Macron** decidiu que metade de seu ministério seria composto por mulheres. Essa é uma escolha política. Mudanças desse tipo estão ao nosso alcance. Mas tenho a sensação de que as mudanças deveriam realmente acontecer dentro da transformação de um dispositivo cultural muito maior, muito mais profundo e antigo. A cultura ocidental desde, no mínimo, a cultura grega antiga – ou seja, antes do judeo-cristianismo, mas piorando na tradição judaica e mais ainda na tradição cristã – é uma cultura que não é apenas machista; ela é misógina. Ou seja, a nossa cultura é fundada não apenas no domínio sobre as mulheres, mas no ódio pelas mulheres.

> **A nossa cultura é fundada não apenas no domínio sobre as mulheres, mas no ódio pelas mulheres.**

O ódio à mulher

Contardo – A mulher é odiada na cultura ocidental porque é objeto persecutório por excelência, o objeto pelo qual os homens são perseguidos.

Maria Homem – Como a mulher entrou nesse lugar de bode expiatório da cultura ocidental, ou da cultura em geral?

Contardo – Primeiro, é preciso constatar, quando se fala de feminicídio hoje, que a Renascença, a flor da cultura ocidental entre os séculos XV e XVIII, matou por volta de cem mil mulheres na Europa toda, torturadas, enforcadas ou queimadas simplesmente porque elas eram um pouco diferentes e certamente um pouco mais autônomas do que os vilarejos em que viviam estavam dispostos a aguentar. Esse é um fenômeno que realmente não pode ser esquecido. Foi quase um projeto de genocídio de gênero, por assim dizer.

Segundo, a misoginia entra na cultura ocidental por duas grandes figuras: Pandora,* na mitologia grega, e depois Eva. Nossa cultura é construída, então, em cima da ideia de que a mulher é a representante do mal (ou a amiga do demônio).

---

* A primeira mulher que existiu, segundo a mitologia grega, e que, por sua curiosidade, deixou escapar todos os males do mundo. (N.E.)

Tudo o que o homem tenta, eventualmente, proibir em si mesmo, inclusive o desejo sexual, é encarnado pela mulher, como grande tentadora. Na cultura ocidental, a figura feminina é uma projeção dos desejos que o homem não conseguiria controlar. Ou seja, é graças a ela que o homem pode justificar o mal que tem em si. E, então, ele domina, enfia no porão, tortura, queima, enforca, afoga, mata a mulher. A cultura ocidental – não é uma piada – funcionou assim. E ainda estamos nessa cultura. Portanto, para mim, tudo bem lutar por isonomia salarial, mas é preciso que haja uma tomada de consciência de que existe algo mais profundo que isso.

Maria Homem – Esse é um sintoma radical e fundante da cultura ocidental. De certa forma, os homens não suportam o fato puro e simples de que eles não tenham controle pleno sobre seu "pau", seu tão sagrado pênis. Na verdade, a representação do falo é sempre um pênis ereto. E o que é o pênis ereto, vulgarmente conhecido como "pau duro"? Um pênis que tem uma mulher (ou qualquer outro objeto de desejo) por trás dele. Não existe pau duro sozinho. Ele só pode existir se for ativado por um objeto fora dele, seja uma mulher real, um homem, um besouro, um rato, uma cabra, uma imagem, um filme pornô, uma lembrança infantil, o que se queira. O conceito de falo só funciona com um pênis e um objeto exterior a ele. E isso traz muita angústia ao suposto detentor e controlador do pobre pênis. Afinal, "como, onde e por que meu pênis se transforma e me faz desejar algo além do eu?". Para nós, pobres mortais, levemente neuróticos e muito obsessivos, é muito difícil suportar essa estrutura. Aliás, talvez os orientais, ou quem sabe os indianos, tenham alguma sabedoria milenar sobre esse quesito. Há inúmeras representações do *lingam* (pênis) sempre ereto e sempre apoiado em uma base circular, a *yoni* (vagina). Ou seja, não há *lingam* sem *yoni*, ou melhor, não há falo sem objeto. Não há Eu sem Outro. Por mais que isso nos angustie, pois, como já dizia **Sartre**, "o inferno são os outros".

É curioso, ainda, que esse sintoma "dissociativo", em que precisamos queimar e perseguir aquela que nos faz funcionar e que no entanto não controlamos, acompanhe o nascimento de uma cultura, vamos dizer, histórica, letrada e que vai fazer uma virada para a filosofia. Isso me intriga profundamente. E mesmo com a fundação da modernidade, séculos depois, supostamente mais conscientes – saímos do domínio de uma lógica mítica e religiosa, criamos o paradigma científico, compreendemos melhor o funcionamento da natureza e da sociedade, fazemos estudos políticos, debates, simpósios, tivemos o Renascimento e o crescimento exponencial das cidades, vivemos democracias –, ainda assim, nossa atuação tem sido tão delirante. Não é curioso? Isso me faz pensar que, em momentos-chave da história, talvez a gente precise enlouquecer um pouco.

O século XX, com o ápice da tecnologia, da técnica, usa essa racionalidade funcional a serviço de um outro delírio coletivo partilhado por uma das parcelas ditas mais civilizadas no coração europeu, e funda essa mesma projeção de ódio e de extermínio sobre os judeus, um fenômeno conhecido e recente. Como a gente funciona, então? Sem dúvida, esse é um dos enigmas de que estamos começando a ter consciência. Como diria a Escola de Frankfurt,* apoiada em **Freud** e **Marx**, faz-se a junção entre o auge da racionalidade técnica e a névoa do delírio nazista.

Contardo – E, ao mesmo tempo em que se tem o ódio pela mulher, existe o culto à figura da mãe. São duas faces da mesma moeda. O culto mariano é diretamente proporcional ao ódio pela mulher, por uma razão simples: Maria não foi inventada quando Jesus nasceu; ela foi inventada muito depois. São quase dois mil anos de concílios sucessivos que vão purificando o corpo de Maria do pecado original. A dita imaculada concepção de Maria se tornou dogma só em 1854.

Maria Homem – Ela teria dado à luz de forma pura.

Contardo – Mais do que isso, pela imaculada concepção, Maria não só teria concebido um filho sem sexo, mas ela mesma teria nascido sem o fardo do pecado original. A criação de uma figura feminina que pudesse ser amada, porque seria

---

* Fundada em 1924, consistia em um grupo de filósofos e cientistas sociais que desenvolveu uma corrente de pensamento conhecida como Teoria Crítica, que buscava aliar a realidade prática ao pensamento tradicional. (N.E.)

inteiramente depurada do sexo e do pecado, foi um trabalho extraordinário de quase dois mil anos. Por isso, quando eu digo que a mulher é odiada, não é por ser mulher. O que é odiado na mulher é o sexo, é o desejo sexual feminino. Esse é o grande objeto de ódio.

Maria Homem – E também a autonomia...

Contardo – Dá na mesma. É ter um desejo próprio.

Maria Homem – *Quase* dá na mesma. É o mesmo movimento, mas é importante ressaltar: a mulher que tem alguma autonomia intelectual reflexiva também é destruída. Mesmo aquela que está num convento, mas que tem uma voz de desgarramento da ideologia comum e dominante, também vai ser destruída de alguma maneira.

Contardo – A manifestação do pensamento por parte de uma mulher é tão inquietante quanto a manifestação de seus desejos. As bruxas foram queimadas ou enforcadas porque eram mulheres mais liberais, que viviam afastadas dos vilarejos e eventualmente recebiam visitas de homens, ou eram viúvas e, em vez de se fecharem nelas mesmas, transavam de vez em quando. Porque, até o século XX, o homem sempre preferiu pensar que a mulher não tinha desejo sexual próprio. Primeiro, porque, claro, se ela tivesse um desejo sexual próprio, o cara, uma vez na cama, teria que inventar alguma coisa para responder àquele desejo.

Maria Homem – Esse é o problema dos meninos, hoje – *ops*, olhe eu aqui maternalizando. Esse é o problema dos homens adultos, hoje – mesmo que eles se recusem a crescer e tentem para sempre permanecer meninos privilegiados aos olhos da enternecida mamãe. Aqui está um sintoma banal e infelizmente frequente da nossa cultura. Mas deixemos essa conversa para um próximo livro...

Contardo – "O que eu vou fazer diante de uma mulher desejante e experiente?" A ideia, então, é que a mulher, sobretudo aquela com quem o homem vai se casar, seja mais Virgem Maria do que mulher. Porque o desejo da mulher cria um problema tremendo para os homens. Ele cria aquela dificuldade sobre a qual Freud escreveu, de que os homens, quando amam, broxam e, para não broxar, precisam recorrer à mulher de fora de casa ou à puta. Enfim, "eu desejo a puta, mas a mãe, não, pelo amor de Deus!". Porque a mãe foi fabricada para ser mãe e não ter desejo. Ainda na França de 1918, quando a jovem filha que se encaminhava para o casamento e a lua de mel perguntava o que teria que fazer – porque, claro, não havia um modelo muito claro de como as coisas aconteceriam –, a resposta de qualquer mãe de família era: "*Ma fille, ferme les yeux et pense à la patrie*", ou seja, "feche os olhos e pense na pátria" – porque era preciso fazer filhos para a pátria, que havia perdido muitos soldados na

> **O desejo da mulher cria um problema tremendo para os homens.**

guerra. Essa é, então, a mulher com quem o homem do século XIX e começo do século XX gosta de se casar. É aquela que pensa: "Faça o que tem que fazer".

Maria Homem – "Feche os olhos e cumpra seu dever de cidadã" – e num lençol esburacado. Para detalhar um ponto que acho importante, há uma cultura patriarcal que é misógina e profundamente alienada de si mesma. E aí, claro, temos um problema. Vamos voltar brevemente no tempo e detalhar um pouco essa historicização.

Com a virada moderna, começa a se afirmar a revolucionária ideia de que todos os humanos são iguais. No final do século XVIII, ela chega a se inscrever simbolicamente, como hoje sabemos muito bem localizar com a Declaração Universal dos Direitos do Homem e do Cidadão. Todos os humanos são iguais perante a lei, sem distinção de sexo, cor, raça, etnia ou religião. Como fazer, então, para colocar a mulher na roda? Nós ainda estamos na avalanche desse lampejo de ideia. Por isso, talvez seja bom distinguir três momentos.

O primeiro momento lógico foi o que poderíamos nomear como ultrapatriarcalismo, que via a mulher como uma reprodutora convicta e um bem entre outros bens intercambiáveis. O domínio era o do pátrio poder e fim. Num segundo momento, o suporte ontológico do pátrio poder vai sendo desmontado, e a mulher passa a ter alguma autoridade. Mas a saída ocidental é fazer uma suposta divisão: "*O.k.*, você, mulher, tem o poder doméstico, o espaço privado e vai fazer a gestão do lar. E você, homem, vai fazer a gestão do espaço público e vai continuar no domínio da política, da propriedade e da cultura, inclusive das narrativas simbólicas dominantes". É aí que se fortalece a ideia da mulher-mãe. Os concílios que você estava desenhando, Contardo, também acompanham esse processo, que chega ao ápice porque era necessário dar conta dessa suposta "igualdade" entre os gêneros, cada um com seu âmbito de poder. Se essa divisão é, por um lado, supostamente igualitária porque precisava dar conta desse desejo de igualdade entre todos os seres humanos, por outro, ela é quase um estratagema para continuar mantendo o poder patriarcal sobre o corpo da mulher, que vai ser dominado e enquadrado no lugar de mãe. A grande mãe, a mãe idealizada, doce, pura, do lar e com alguma glamourização, surge aí. Ou seja, a narrativa de igualdade "diferenciada" do século XIX foi uma estratégia que se revelou enganadora, pois na prática os gêneros permaneceram em grande medida desiguais. E o lugar concedido à mulher como "rainha do lar" estava longe de ser suficiente. Na verdade, ele começou inclusive a incomodar – como podemos ver a partir de uma leitura crítica da generalização dos sintomas de histeria feminina no final do século XIX que Freud tão bem soube escutar. E então temos o terceiro momento lógico, com o surgimento incontornável no século XX da ideia de direitos civis, de direitos humanos amplos e irrestritos, e de igualdade mais efetiva entre os seres.

É interessante como a história avança sem avançar tanto. Tem algumas nuances que são interessantes de ver. Quando o patriarca, o macho clássico, percebe que está perdendo poder, que vai ter que ceder, ele cede numa estratégia de manutenção desse poder. Só que aí não resolve mais. Porque as revoluções burguesas já estão em cena, e o século XIX vai acabar de quebrar isso, com a ideia da educação para todos, universal. O lugar da criança também se altera. Surge a figura até então inédita da infância propriamente dita, e a criança deixa de ser vista como um miniadulto para ser entendida como alguém que tem uma natureza própria. Com isso, a mulher ganha poder, porque, de alguma forma, ela passa a ter uma função nobre para a *polis*, como mãe cuidadora e formadora dos futuros cidadãos. Depois, isso vai ser desconstruído nos anos 1960 e 1970, sobretudo. A partir daí, temos uma outra virada, com a mulher cada vez mais recusando esse domínio do poder feminino no lar, no espaço privado. Ela começa a ter consciência desses dispositivos e vai dizer: "Quero meu corpo de volta. Se fui destituída do meu corpo, do meu desejo, do meu tesão, agora quero isso de volta". Na verdade, esse é um processo de subjetivação. É um processo muito mais amplo de subjetivação radical de todos nós, homens e mulheres. De fato, homens, mulheres, homossexuais, trans, a-, multi-, enfim, pansexuais. Este é o momento em que estamos na conversa.

Contardo – Sim, concordo com a ideia desses três tempos, mas, veja, sou especialmente sensível ao fato, nesse processo, de que, desde o começo, a operação fundamental, o fio condutor dessa história toda é a repressão ao desejo sexual feminino.

Maria Homem – Sim, isso ficou claro.

Contardo – Vamos pegar um exemplo trivial. Se alguém nos perguntar por que o falo tem tamanha importância na cultura e na teoria psicanalítica, se tivermos minimamente uma bagagem iconográfica das imagens, vamos dizer: "É só olhar para a história das civilizações mediterrâneas". Na Grécia – mas não só, porque isso acontece em muitos outros lugares –, Príapo, o deus do falo, é onipresente. Lá, há pequenas estátuas com falos gigantescos. O falo masculino seria o único representante do desejo. A vagina, eventualmente, seria representante da fertilidade, embora o falo também o seja. Mas o falo não só é representante da fertilidade como também do desejo sexual. A vagina que se vire sendo representante da fertilidade materna. Portanto, o sexo feminino, o desejo feminino, não queremos nem falar disso.

Ao longo de muitos séculos, a sexualidade feminina realmente só sobrevive à margem. Sobrevive nos bordéis, sobrevive porque as mulheres que se "perdem" na vida de alguma forma se encontram, e graças a isso escapam ao domínio masculino. Sobrevive em ilhas, como a ilha de Lesbos,* que reúne uma comunidade de mulheres que têm uma vida sexual entre elas. Sobrevive de mil maneiras. E isso explode no século XX, aqui concordo absolutamente com você. Um dos fatos notáveis do século XX é que a única literatura erótica tragável é escrita por mulheres.

Maria Homem – As *Histórias eróticas*, de **Anaïs Nin**, *História de O*, de **Pauline Réage**... Eu adoro essas autoras.

Contardo – São geniais. Mas penso também em obras mais *pop*, como *Emmanuelle*, de **Emmanuelle Arsan**, ou os próprios *Cinquenta tons de cinza*, de **E.L. James**. A literatura erótica do século XX é totalmente feminina. Esse é um fato realmente curioso.

---

* Ilha grega conhecida pelo turismo lésbico, derivado da identificação com a obra de Safo (século VI a.C.), poetisa ali nascida e que escrevia especialmente para mulheres, sobre gênero, amor e sexualidade. (N.E.)

A repressão ao corpo

Maria Homem – Gravei alguns vídeos para o meu canal no YouTube* que formam uma série chamada *Sexualidade feminina*, justamente porque começaram a me perguntar, por exemplo: "E a masturbação feminina, como é? Existe ou não existe, pode ou não pode?". Orgasmo: há muitos pedidos para que eu fale sobre isso. Para mim, é como se estivéssemos em um debate anacrônico. Existe quase uma demanda escondida e reprimida disso que agora explode e finalmente dá, talvez, o direito à mulher de se tocar e gozar. Esses vídeos circulam, então, a partir de uma demanda mas, ao mesmo tempo, apanho muito. Porque surgem afirmações incríveis do tipo: "Como você ousa falar de orgasmos femininos ou de múltiplos gozos?". É como se isso ainda não fosse permitido, como se não pudesse ser feito e muito menos falado. E essas reações vêm não só de homens, mas de mulheres também. É como a mulher que acha horrível mulheres bebendo e fumando num boteco, pensa "que coisa feia", ou, mais engraçado, "que coisa masculina". Qualquer associação da mulher com o lado pulsional, seus impulsos, sua potência, sua força, "acho feio". Não é que seja visto, talvez, como algo maligno, mas nós temos uma forma

---

* Ver: https://www.youtube.com/channel/UCeT74ntD25ACU_fVfUWZzsg. (N.E.)

de colocar o mal como feio. Não é fino, não é elegante, não é feminino; é grosseiro. Realmente temos construções defensivas curiosas.

Contardo – A psiquiatria do começo do século XIX curava a masturbação feminina queimando com um ferro quente, um ferro vermelho, o clitóris das meninas de 10 ou 11 anos. E sem anestesia.

Maria Homem – E nos chocam as selvagens tribos africanas...

Contardo – ... que fazem clitoridectomia.* Isso me choca também, mas não estamos muito longe dessa realidade.

Maria Homem – A história caminha junto.

Contardo – Por exemplo, amarravam-se as mãos dos meninos que se masturbavam muito, embora ninguém tenha pensado em queimar o pênis deles com um ferro vermelho. Ninguém chegou a esse ponto. Houve casos interessantes que foram nessa direção. Inclusive envolvendo o pai do presidente **Schreber**, cujas memórias Freud analisou cuidadosamente, no que ficou conhecido como Caso Schreber.**

---

* Circuncisão feminina. (N.E.)
** Sigmund Freud. *Obras completas, v. 10 – Observações psicanalíticas sobre um caso de paranoia relatado em autobiografia ("O caso Schreber"), artigos sobre técnica e outros textos (1911-1913)*. São Paulo: Companhia das Letras, 2010.

Maria Homem – Mas aí vamos para a loucura.

Contardo – Sim, o presidente Schreber era paranoico, mas é interessante notar que: 1) imaginou que Deus queria que ele se transformasse em mulher, e 2) o pai dele inventava instrumentos para prender as mãos dos meninos e impedir que se masturbassem.

Maria Homem – Mas, se olharmos com algum distanciamento hoje, ficaremos chocados com a psiquiatria do século XIX. Porque a sexualidade feminina, particularmente a masturbação, era transtorno grave. O infanticídio surge como uma figura psiquiátrica jurídica, como um crime absoluto, a heresia máxima porque, imagine você, a mulher-mãe era sacrossanta. Também o imaginário por trás da prática do aborto, pois como a mulher podia não desejar ser mãe e não desejar o bebê? Ainda hoje a psicose puerperal e a depressão pós-parto são figuras enigmáticas. Também a ninfomania, que é rotulada como um transtorno. Não alcançar o nirvana com a maternidade ou desejar transar em "excesso" são coisas que não fazem sentido para determinadas visões de mundo. Por aí, vemos justamente que há um longo processo de construção e de tomada de consciência.

Contardo – Aliás, na mesma direção, no que concerne à mãe e à Virgem Maria, é só a partir dos anos 1970 que alguém começa a realmente falar da construção cultural do dito instinto materno, de como não havia nisso absolutamente nada de instintivo. Pelo menos não na espécie humana. **Elisabeth Badinter**, em 1981, foi quem escreveu o livro mais radical sobre essa ideia, uma história do amor materno (*Um amor conquistado: O mito do amor materno*).

Maria Homem – Quando o Enem* coloca na prova Simone de Beauvoir dizendo: "Não se nasce mulher, torna-se mulher",** sobre o que conversamos há pouco, isso ainda gera celeuma. E aí temos todas as discussões aqui no Brasil, como fechar uma exposição *queer**** ou "queimar" a figura de **Judith Butler** como bruxa, como se fosse o demônio, numa reação místico-naturalista que tenta fazer um retorno defensivo a bases surreais.

Contardo – Sim, que a mulher seja a grande amiga do demônio, isso está na *Bíblia*. Está no Gênesis, no começo, e a gente acredita naquilo piamente. Quem fala com Satã é a mulher.

Maria Homem – Ela é a mediadora.

---

* Em 2015. (N.E.)
** Trecho do livro *O segundo sexo*. (N.E.)
*** *Queermuseu: Cartografias da diferença na arte brasileira* foi uma exposição de artistas brasileiros apresentada em Porto Alegre em agosto de 2017 e cancelada na sequência após acusações de apologia à pedofilia, à zoofilia e de vilipêndio religioso. Foi reaberta no Rio de Janeiro um ano depois, após campanha de financiamento coletivo. (N.E.)

Contardo – É ela que tenta o homem, a tentadora. E depois disso, nós temos quase quatro séculos, no começo do cristianismo, de neuróticos que, por alguma razão, foram chamados de santos, e que só falam disso: do horror que eles têm de mulher e de sexo. **São Paulo** declarou guerra ao corpo. **Agostinho, Tertuliano, Clemente de Alexandria** eram todos neuróticos graves que conseguiram transformar a dificuldade neurótica de reprimir seu próprio desejo sexual numa matriz cultural que persiste até hoje.

Maria Homem – Agora você provocou, Contardo...

Contardo – Mas é verdade. Eram todos neuróticos graves realmente, com problemas seríssimos em relação ao próprio corpo e à própria sexualidade. E transformaram seus sintomas em doutrina para evitar as tentações que o corpo feminino (e satânico) encarnava para eles. É uma loucura. Mas a história da cultura ocidental é essa.

Maria Homem – Como resumiria **Nietzsche** de maneira muito sarcástica, o cristianismo nada mais é do que um platonismo* para os pobres, para as massas. A ideia de que corpo e alma são duas substâncias e de que a alma é superior ao corpo data de milênios, é pré-cristã. A famosa divisão platônica

---

* Corrente filosófica baseada no pensamento de Platão, que fazia a divisão entre mundo inteligível (superior e ideal – realidade) e mundo sensível (inferior e enganoso – cópia). (N.E.)

entre coisa sensível e coisa inteligível é a ponta de um *iceberg* bem antigo.

Nós temos medo do corpo. Nós o vemos como lugar da degenerescência, da mortalidade e do descontrole. Tentamos fazer um truque epistemológico dividindo-o em duas "partes" e salvando uma delas. O corpo seria o problema: perecível, mortal, impulsivo e fonte de pecado. A alma seria divina e eterna. Golpe de mestre, não?

Falando de maneira mais doce, pergunto: por que precisamos tanto subjugar o corpo? Por que será? Sinto ao mesmo tempo ternura e piedade de nós, pobres mortais. Tantas peripécias psíquicas para escapar da condição demasiado humana que é a nossa.

Contardo – Subjugar o nosso corpo, no sentido de controlar os nossos impulsos e desejos, é uma aspiração mais antiga do que o cristianismo. O cristianismo pegou carona nas filosofias alexandrinas, enfim, nos estoicos, nos cínicos e nos epicureus. Naquela época, a pergunta dominante era: como conseguir um bom controle de si mesmo? Para o cristianismo, esse clima filosófico foi um prato cheio. *As confissões da carne*, último volume da *História da sexualidade* de Michel Foucault, publicado postumamente, é exatamente sobre isso: conta a história de como o cristianismo vingou no clima da filosofia clássica daquela época.

A partir de são Paulo, o cristianismo fez da mulher o símbolo do descontrole possível de nosso corpo. Conseguir nosso autocontrole se transformou em conseguir controlar a mulher, evitar a tentação que ela, malévola, representa. A cada vez que uma escola ou uma repartição pública proíbe as mulheres de usar roupas supostamente *sexy* é disto que se trata: de exercer nela o autocontrole masculino.

"Lugar de fala" para todos

Contardo – Quando eu dava aulas na Faculdade de Paris 8, como em qualquer curso de psicanálise que se respeite, eu me referia muito ao falo. O falo intervém na teoria psicanalítica, sobretudo lacaniana,* com extrema frequência, como representante do desejo em geral, não só do masculino. E havia uma estudante que se sentava sempre nas primeiras fileiras e tomava nota de tudo o que eu dizia, furiosamente. Pelo menos era o que eu imaginava porque, no fundo, ela podia estar escrevendo, sei lá, poesias ditirâmbicas. Até que um dia, depois de vários meses, ela pediu um horário e foi ao meu consultório. Era uma jovem médica, que tinha terminado os estudos e estava fazendo residência em psiquiatria. Ela queria se tornar psicanalista, por isso ia me ver, para que eu lhe confirmasse – isso é bastante interessante – que ela estava pronta para exercer a psicanálise. Eu disse: "Tudo bem, mas não sei se você se analisou". Ela respondeu: "Não. Eu não preciso me analisar porque eu desvendei o grandíssimo problema da psicanálise". E ela me mostrou as notas que tinha tomado de meu curso e de vários outros que ela frequentava

---

* Corrente de pensamento derivada das ideias do psicanalista francês Jacques Lacan (1901-1981), um dos maiores intérpretes de Freud (N.E.)

em Paris 8. Ela tinha tomado nota textualmente de tudo o que eu havia dito e também do que disseram meus colegas em outros cursos. Só que, sistematicamente, cada vez que eu dizia "falo", ela escrevia "hímen". Ela havia desvendado que existia um problema gravíssimo na teoria psicanalítica, que a prioridade do falo tinha sido inventada para produzir um recalcamento ou uma repressão fundamental do hímen no sexo feminino. É claro que achei que estava lidando com alguém que possuía um delírio organizado, não tinha como pensar diferente. Mas, enfim, continuei vendo essa moça três vezes por semana durante meses. Na época achei, e continuo achando hoje, que ela era, sem dúvida, delirante. Mas, no fundo, numa ótica culturalista e foucaultiana, se dá para dizer assim, talvez ela tivesse absolutamente razão. Porque, talvez, o falo tenha se tornado mesmo o representante do desejo só ao longo do tempo e num processo de repressão. A festa fálica na estatuária grega e mediterrânea em geral, na verdade, talvez seja uma maneira de esconder o que está recalcado no mistério do desejo humano desde muito cedo (e ainda mais na aurora do cristianismo), que é o desejo feminino, o sexo da mulher. E não é impossível que, no fundo, os mitos órficos, as cerimônias órficas na Grécia Antiga e os seus restos em Roma, ou seja, os mitos dionisíacos, com a figura das bacantes, fossem cultos secretos de uma representação primitiva pré-fálica do desejo. E talvez essa representação originária do desejo fosse – a maioria dos meus colegas vai querer me trucidar ou então me degradar como junguiano, mas tanto faz – ou pudesse ser o sexo feminino.

Maria Homem – Outro dia, eu, como mulher, querendo ou não, em conflito ou não, tive um *insight* que foi muito libertador, que é o seguinte: essa imagem "falo", na verdade, é dupla. O próprio falo é duplo. Por quê? Porque, na verdade, o pênis é duplo. O pênis é duro ou mole. Ou ele está ereto ou está em repouso, certo?

Contardo – Há situações intermediárias mas, sim, ele é duplo. [*Risos*]

Maria Homem – Então, um detalhe aparentemente muito simples é que não existe o falo sem algo que o cause. O que é o falo? É o pênis ereto. O que o faz endurecer é o grande enigma, não só o enigma do desejo feminino. ("O que quer a mulher?" – Freud parou aí. Chegou e parou, o que é interessante e problemático, algo digno de nota.) Para voltar ao domínio platônico e pré-platônico, o sonho de dominar o corpo e de dominar as mulheres também é uma angústia imensa e muito antiga de não ser senhor do próprio corpo. Porque não existe falo sem vagina ou outro falo, não importa. Não existe falo sem objeto causa do desejo. Mas nós queremos, por todo lado, dominar. Seja o nosso corpo, seja o do outro, seja a nossa vontade ou a vontade do outro. E, claro, dominar o nosso falo.

Contardo – Essa questão também é feminina, não é só masculina.

Maria Homem – Sem dúvida. É uma questão nossa. Temos que compreender que o falo é problema nosso, a vagina também. A questão do desejo é um problema nosso – de homens, mulheres, sujeitos humanos, independentemente do que cada um gosta e de como goza, não precisa ser um paradigma heterossexual ou heteronormativo. Por isso, inclusive, e para voltar a esse tópico, é legítimo convidar um homem para conversar e fazer um livro sobre o feminino.

O grande enigma é o desejo e sua força motriz. Qual é a causa da vida? Nós não sabemos e vamos precisar de muito *big-bang* para explicar a origem do universo, a causa motriz. Não é só **Aristóteles**, que nomeou uma força transcendente como o primeiro "motor imóvel", espécie de deus causador ou o sopro inicial da vida – como poderíamos dizer de uma forma lírica ou metafórica, para além de teorias da física ou da química. Enfim, essa é uma das mais difíceis questões do pensamento, talvez da ordem do impossível.

> **A questão do desejo é um problema nosso – de homens, mulheres, sujeitos humanos, independentemente do que cada um gosta e de como goza.**

O que faz movimento? O que faz o corpo se mover? E desejar? Nós temos respostas talvez primárias, pueris, assustadas para isso, daí toda essa misoginia, toda essa tentativa de hierarquizar, de fazer uma divisão e de forçar a barra no dispositivo de uma suposta grande diferença sexual. E não só diferenciamos, como colocamos numa escala. Vamos falicizar ou castrar, para colocar em termos técnicos ou de uma psicanálise clássica: fálico *x* castrado. Colocamos numa escala de valoração, como se fôssemos pobres coitados nos defendendo de antemão diante dos grandes enigmas da vida. Enigmas são grandes perguntas, para as quais talvez não tenhamos respostas. Enfim, o que nos faz querer estar vivos, o que nos faz querer chegar perto do outro ou, ao contrário, fugir dele?

É por isso que, se a gente realmente banca, sustenta a ideia de que todo mundo está implicado nisso igualmente, independentemente do seu corpo ou do seu gênero, qualquer pessoa pode falar e pensar sobre isso. Você está percebendo que já entrelacei aqui a conversa com outro debate bem vivo atualmente, o do chamado lugar de fala? Que deveria, por sua própria origem política, ser bem mais democrático e amplo do que por vezes tem sido.

Contardo – A ideia de que só estamos autorizados a falar sobre nós mesmos me parece um pouco maluca. Pelo contrário, nós somos autores de todos os dispositivos de recalque e repressão dos quais sofremos.

Maria Homem – Você está falando "nós, homens" ou "nós, humanos"?

Contardo – Nós, humanos, em geral. A ideia de que só poderíamos falar sobre nós mesmos é defensiva, e talvez não seja muito relevante. Marx e **Engels** não eram proletários, **Lênin** e **Fidel Castro** também não, "Che" **Guevara**, filho de um médico na Argentina, muito menos... É verdade que o proletariado não se deu muito bem com as sugestões deles, mas ninguém se importou com o fato de que não fossem proletários e falassem em nome do proletariado dos quatro cantos do mundo.

> A ideia de que só poderíamos falar sobre nós mesmos é defensiva, e talvez não seja muito relevante.

Como diz Charlie Brown, "*I need all the friends I can get*".* Se alguém tem alguma coisa para dizer sobre mim, então, que diga, porque preciso que falem tudo o que for possível para que eu possa tentar me transformar, mudar e dialogar com isso. A oposição à ideia de que um homem possa falar sobre as mulheres e o feminismo geralmente vem de uma margem pouco significativa do movimento feminista. É aquela margem que vê a relação sexual entre um homem e uma mulher como algo que deve ser evitado porque traz consigo a marca da dominação patriarcal, ou seja, é quase sempre, por essência, um estupro. É o tipo de feminismo de **Andrea Dworkin** nos anos 1970, 1980...

---

* "Preciso de todos os amigos que eu puder ter" – frase que dá título a um dos livros de Charles M. Schulz que reúne histórias de Charlie Brown, Snoopy e sua turma. (N.E.)

Maria Homem – Ela era muito radical.

Contardo – Pois é. E ela era representante disso. Para mim, o feminismo de Andrea Dworkin é tão inimigo quanto "santo" Agostinho, Tertuliano e companhia porque se opõe à própria ideia do sexo como o que está em jogo, isto é, como aquilo que realmente é a causa de uma separação, de um ódio e de um recalque que são centrais na nossa cultura. Realmente, para mim, não há muita diferença entre Andrea Dworkin e Agostinho. Acho que foram duas pessoas com alta patologia que encarnaram de maneiras e em momentos diferentes a necessidade de recalcar o sexo e, especificamente, o sexo feminino.

Maria Homem – E o outro sexo também.

Contardo – Sim.

Maria Homem – Para a própria psicanálise, nós nos constituímos por meio de um processo dialético com o outro, tanto de junção quanto de separação. Portanto, nós temos que nos espelhar no outro para sermos humanos. Se a criança tem uma mãe loba, em vez de uma mãe humana, ela uiva. Ela não fala. Ela tem o aparelho fonador intacto, que demorou milhões de anos para ser forjado, já nasceu com aquilo pronto, mas não sabe emitir sons humanos. Não aprendeu a fazer isso com o outro humano que a humanizaria.

Todos nós somos esponjas do outro. Nós absorvemos o outro, para o melhor ou para o pior. E, ao mesmo tempo, não podemos estar "colados" no outro; temos que nos separar dele. Essa dialética é hipersofisticada. Esta nossa conversa aqui só é possível porque eu lhe dou de graça e de presente a confiança de que você me compreenda, ou de que, no mínimo, me escute. De que a minha fala o penetre, e você aceite, digira isso e me devolva depois. A dialética, o poder debater, foi o melhor que pudemos inventar na cultura humana. Dois logos em atividade, duas racionalidades. E o próprio debate supõe uma alteridade. Não podemos, *a priori*, excluir ninguém de nenhum debate.

Contardo – Sim, é claro, mas existe uma suposição a mais, quando se parte da ideia de que o homem não seria bem-vindo numa conversa sobre feminismo e feminino. No fundo, a ideia é de que ele seja o inimigo.

Maria Homem – Ele estaria no lugar da dominação. Mas – agora é para provocar – as mulheres são muito dominadoras também. Os dispositivos inconscientes que formam uma ideologia, uma práxis social de dominação repetida e muito entediante, são reproduzidos sem distinção de raça, cor, sexo ou religião. Infelizmente é isso. Não viveríamos neste planeta, nesta sociedade, se pudéssemos ter uma reserva de mercado com as mulheres fora da misoginia ou fora do patriarcalismo, ou fora do machismo. É complicada essa discussão. Eu, como mulher, deveria proteger as outras mulheres, me unir a elas num lugar imaginário e fetichizado e fazer um protecionismo de classe? Não necessariamente. Eu tenho que falar aquilo que vejo, aquilo que sinto e que penso, como todos nós, aliás. Todos nós, homens e mulheres, reproduzimos o *status quo*. Todos. Portanto, todos juntos temos que transcendê-lo, buscar ultrapassá-lo minimamente. O verbo "transcender" não é um pecado; é para isso que estamos aqui.

Contardo – Sim. E isso depende da intensidade das identidades de defesa, como dizíamos antes. Mas não acho que seja interessante para o feminismo se negar ao diálogo ou então imaginar que a anatomia seja o destino de quem quer que seja. Tanto das próprias mulheres quanto dos homens.

Maria Homem – Tanto o pênis quanto a vagina ou o hermafroditismo ou qualquer coisa. E toda a alquimia específica de hormônios e moléculas. Anatomia não é destino. No máximo é um ponto de partida, que recebemos na fecundação, momento em que nos é passado o, ao mesmo tempo ancestral e inédito, código da vida, cifrado de um jeito único e irrepetível, que é aquele que cada um carrega.

> **Anatomia não é destino. No máximo é um ponto de partida.**

Somos verdadeiramente livres?

Maria Homem – Outro tópico interessante que temos que assumir como um problema é a diferença entre os corpos. Como você disse logo no começo, Contardo, há uma diferença no real do corpo, mas existem construções culturais que são majoritárias. Vou fazer uma pergunta provocativa: como sabemos que as construções culturais são majoritárias em relação aos corpos? Estritamente falando, a gente talvez ainda não tenha instrumentos precisos para dizer exatamente o que é majoritário em relação a quê. Porque, de fato, a gente não sabe. O campo dos genes, das substâncias, dos neurônios e de tudo isso junto ainda é muito incipiente; e, num segundo nível, colocá-los em relação com o mundo externo e simbólico das interações humanas e de linguagem é altamente complexo e ainda misterioso para nosso nível de conhecimento.

Sei que nós estamos de acordo aqui, mas eu diria que, puxando a conversa para o século XXI, para o debate mais de vanguarda, existe uma tendência hoje a minimizar o que poderíamos resumir com a palavra "biologia", a atacar uma base supostamente naturalista ou essencialista, numa crítica interessante a uma identidade primária, e que dá como ganho o jogo para o "time" culturalista. Porque, se nós construímos as diferenças sexuais, se nós construímos essas representações, esses lugares, então, tudo é possível. Nessa lógica, que está além do gênero – transgênero, eu diria, ou pós-gênero –, o que temos são corpos, simplesmente. Mas, hoje, a neurologia tem técnicas que nos permitem ver o cérebro em funcionamento, ver onde há mais atividade elétrica, por exemplo. E fato é que os cérebros de machos e fêmeas de todas as espécies são muito diversos. Nas mulheres, há mais comunicação entre os hemisférios direito e esquerdo. Eu não saberia dizer na prática o que isso implica, mas é um fato. O cérebro da fêmea está mais ligado à linguagem, à emoção. E o cérebro do macho é mais espacial, o que significa que a localização do homem no espaço e a movimentação de seu corpo, ou seja, a ação, se dão mais rapidamente. Não quero fazer uma volta para uma lógica naturalista, nem para a crença num paradigma darwinista de diferença entre os sexos, ou de uma "vitória" de matrizes epistemológicas que embasam a neurociência ou o cognitivismo. Justamente, estamos querendo sair de jogos competitivos e fálicos, não é mesmo? Mas acho que não podemos recuar, temos que complicar cada vez mais o debate, porque talvez sejamos mais diferentes na base do que gostaríamos de acreditar. Eu mesma, que sou de uma geração *pós-x* onda do feminismo, gostaria de acreditar no meu poder

Talvez eu tenha que suportar o fato de que estou mais marcada, não só pela linguagem, pela cultura, pelas narrativas específicas do meu país, como também por um corpo e por moléculas desse corpo.

de desenhar a mim mesma. Mas talvez eu tenha que suportar o fato de que estou mais marcada, não só pela linguagem, pela cultura, pelas narrativas específicas do meu país, como também por um corpo e por moléculas desse corpo. Mas essa marca é mínima, porque, pense bem: 46 cromossomos, 23 pares. As mulheres biológicas têm uma perninha a mais apenas. É a diferença entre a forma de um Y e a de um X. É muito pouco, não é? Mas esse muito pouco é muita proteína. Portanto, a neurofisiologia, a lógica hormonal, a lógica cultural, tudo isso faz um caldeirão que a gente não conhece ainda muito bem. Mas recusar isso, não sei se é o mais inteligente. De todo modo, como falamos, cada corpo é único, e o X no corpo de cada mulher também é quase único, assim como o Y de cada homem, e há ainda semi X e semi Y – a própria natureza não é binária. O coquetel molecular de cada corpo é único.

Contardo – Eu não sei que posição tomar sobre isso, mas é interessante constatar que existem cada vez mais aventureiros da singularidade, por quem eu tenho um certo respeito, que acham que, seja qual for o corpo que a natureza lhes entregou, eles vão se inventar.

Maria Homem – Esse é o ápice da modernidade e da crença liberal. É o liberalismo em vitória.

Contardo – Isso significa, por exemplo, usar hormônios como se usavam as drogas nos anos 1970.

Maria Homem – Próteses...

Contardo – Sim, colocar silicone, e não apenas no peito. Mas isso é só, como se diz, a infância da arte. Hoje, já existem cirurgias de feminização ou de masculinização do rosto, que mudam a forma física verdadeiramente. É a ideia de que a natureza nos entrega um corpo e, entre outras coisas que fazemos enquanto crescemos, como ler, temos que decidir e construir um gênero, que provavelmente na ótica desses aventureiros é muito mais do que um dos dois, masculino ou feminino. Construir um gênero, que pode ser até um gênero único, só seu, em qualquer lugar de uma escala de androginia, é uma aventura humana, mas que, ao mesmo tempo, me parece extrema. Vou dizer exatamente o que penso: acho que essa é uma aventura maluca. Mas não sei se é muito mais maluca do que subir num navio para ver se existe a América, por exemplo.

Maria Homem – Ou se a Terra acaba num quadrado.

Contardo – Desse ponto de vista, nós já vimos de tudo. Mas, de qualquer jeito, o que me deixa perplexo é pensar que existe nisso, afinal, uma crença na possibilidade extrema de que teríamos ou poderíamos ter o controle do nosso corpo. Isso me leva de volta ao que eu dizia antes sobre a nossa cultura nascer sob o signo dessa ideia de se controlar, que em grande parte é o que alimenta a misoginia – sendo a mulher aquilo que tenta, descontrola e, portanto, ameaça o homem. Por outro lado, as pessoas que defendem a natureza do gênero, as ideias da "família cristã" e de que existem dois gêneros, são tão sinistras, tão profundamente ignorantes, que eu prefiro estar com os malucos que se injetam testosterona como se fosse cachaça.

Maria Homem – Eu talvez seja mais comedida ou clássica, pois gosto de pensar que muitas vezes "*in medio stat virtus*", a virtude está no meio.

Contardo – Sim, "*in medio stat virtus*", mas em dado momento temos que escolher. É a famosa história: quem é o inimigo? Como diria **Mao Tsé-Tung** [*risos*], é preciso sempre reconhecer a contradição principal e a contradição secundária. Temos que saber qual é a contradição principal, ou seja, quem são os verdadeiros inimigos.

Maria Homem – Sem dúvida. Podemos supor que a civilização possa fazer algum trabalho de cultura, *Kulturarbeit* – conceito que tarde na vida Freud tomou como mais operativo. Nos anos 1930, pouco depois do seu texto clássico sobre *O mal-estar na civilização*, Freud distingue civilização de cultura. A civilização seria mais da ordem do que se repete e se conserva, seria mais repetição, mas com alguma diferença, mesmo que mínima – podemos aqui inclusive lembrar do título de **Deleuze** de 1968, *Diferença e repetição*. O trabalho da cultura se alinharia a um movimento fruto de um processo analítico, algo que pudesse trazer algum avanço, uma maior consciência à humanidade.

Pois bem, se pensarmos nessa linha, que é levemente ascendente, os enunciados problemáticos estão lá atrás. Estão num tempo anterior, num suposto naturalismo que coloca o *telos* de que mulher mais homem se unem, fazem a família (cristã ou de qualquer outra ideia de bem), célula-mater da sociedade, e organizam o mundo assim. Esse é o clímax do falso controle de tudo: da sociedade, da sexualidade, do corpo e até do enigma do futuro – e, cá entre nós, a gente não sabe nada e ainda funda ideias como as de fé, deus e vida eterna. Coisa mais obsessiva que essa não existe. Digo "falso" controle, porque é sempre um controle fundado por uma exclusão, um recalque – no caso, o do sexo e do corpo, especialmente femininos.

A ideia de juntar dois opostos complementares (macho + fêmea) e com eles construir a totalidade ideal (a família) é um verdadeiro delírio, por todos os termos colocados: a ideia de opostos, a de complementariedade, a de totalidade e a de ideal – todos os grandes delírios metafísicos que trariam um imaginário conforto ontológico diante do caos e do não sentido que é viver. *O.k.*, esse é um problema do passado – embora nos assombre ainda hoje com o ressurgimento da ideia de família cristã do nosso Congresso Nacional e de parte da população que elegeu nosso poder executivo, mas continua sendo uma solução do passado para o desafio que é viver.

Agora, temos uma outra "contradição", para seguir Mao, e ela tem a ver mais com nosso presente e nosso futuro. É a ideia de liberdade. Qual é o problema com os aventureiros da singularidade, como você chamou? O problema é que nós somos muito crentes na ideia da nossa liberdade. Se temos uma fantasia contemporânea extrema, é essa. Gostamos de nos imaginar como radicalmente livres. Isto é o que eu chamaria de *pathos* liberal: uma fé cega na possibilidade de nos reinventarmos. Mas: 1) não sei se isso é totalmente verdadeiro; 2) não sei se é a coisa mais incrível do mundo, tal como vendido em nossa publicidade geral, pois isso traz muita angústia. A liberdade em si já traz angústia – tanto que podemos ter uma postura classicamente reacionária e dizer: "Não, não somos tão livres assim, porque existem os deuses, o destino, o oráculo, deus quis assim, 'não sou eu quem me navego, quem me navega é o mar'"... O culto às potencialidades, às multiplicidades, às liberdades traz, então, algum tipo de angústia e solipsismo. Será que isso não esbarra num narcisismo extremado? Será que não é uma ideologia ultraliberal e de consumo que movimenta milhares de indústrias? Por exemplo, como vamos continuar alimentando a indústria bioquímica, que é uma das indústrias mais poderosas hoje, se ela não tiver mais o que vender? Se já

> **Somos muito crentes na ideia da nossa liberdade. Se temos uma fantasia contemporânea extrema, é essa. Gostamos de nos imaginar como radicalmente livres.**

estamos comendo, engordando e até desperdiçando comida (enquanto parte da população morre de fome e vai deixar de ser humana daqui a pouco)? Se outra parte já não está mais acreditando tanto nas vestimentas do corpo e nos objetos: carro, celular, roupa, relógio, grife? Já que o mercado está acabando (e também o planeta Terra, "então vamos colonizar outros planetas", como diria **Elon Musk**, o próximo grande empresário que vamos cultuar, o nosso próximo guru), o que fazer, então? Reinventar o próprio corpo. Essa vai ser a grande indústria do futuro. Tudo bem, é algo ideológico. Mas, nesse sentido, é preciso fazer uma crítica ao próprio mecanismo de circulação das ideias e das coisas. É por isso que não sou tão crente nesse tipo de elogio à liberdade que a gente teria de modificar a natureza, tanto a natureza em geral quanto a natureza dos corpos animais e sexuados.

Contardo – O ódio ao corpo poderia perfeitamente fazer parte da lista do que é recalcado. E a mulher oferece uma presença do corpo muito maior do que o corpo masculino.

Maria Homem – O corpo feminino é mais instável. E essa instabilidade é mais presença. Porque fica presença, ausência, presença, ausência...

Contardo – E é imaginariamente mais próximo da natura, da natureza.

Maria Homem – Sim, sobretudo pelos ciclos de procriação. O sangrar, menstruar, gestar, parir... E, assim, estaria imaginariamente mais longe da razão. Por isso, a antiga junção entre o deus Apolo, Sol, a razão e a masculinidade. Ao passo que a mulher seria mais emocional, tanto na acepção de mais irracional e impulsiva, quanto de mais doce. E aí se construiu uma outra linhagem para o feminino, que seria mais ligado a Vênus, à Lua, à emoção. O pior e extremo disso é a imagem de homem como ser mais "prático e racional" e a mulher, como não cansamos de saber, como "louca e histérica". Vamos dizer assim, masculino e feminino foram construídos no imaginário como côncavo e convexo, direito e avesso. Enfim, tese e antítese.

E aí eu vou em outro lugar. Eu vou na terceira via. Não de opostos radicalmente diferentes e complementares (repetindo clichês e equívocos antigos), mas também não de corpos permeáveis e intercambiáveis, como se pudéssemos passar de lá para cá como se atravessa uma rua: "Hoje nasci homem, amanhã estou a fim de me experimentar num corpo de mulher; agora cansei, quero ser andrógino total, agora hermafrodita e depois menina de cinco anos" – a grande e livre prateleira do supermercado global, ultraliberal e sexual.

Contardo – Sim, claro. Um fato interessante é que, até pouco tempo atrás, existia um movimento grande nos Estados Unidos, com algumas ramificações em outros lugares do mundo, chamado *body modification*, que era praticado nos mesmos locais onde as pessoas se tatuavam e faziam *piercing*. As pessoas colocavam, por exemplo, excrescências, como chifres diabólicos na testa, embaixo da pele. Eram desenhos subcutâneos, feitos geralmente de silicone hipoalergênico e colocados embaixo da pele, que produziam modificações importantes. Imagine, o cara podia tatuar parcialmente o rosto e colocar dois chifres diabólicos no meio da testa. Não era algo que se colocava para ir a uma festa; ficava lá, embaixo da pele, para sempre. Isso veio junto com a moda da escarificação, das cicatrizes como maneira de desenhar o corpo, que é uma prática muito antiga em tribos africanas, usada numa série de rituais. A *body modification* ia um pouco nessa direção: a ideia de, realmente, fabricar o próprio corpo. Também a tatuagem e o *piercing* têm alguma coisa disso, em certa medida. Até porque o *piercing* vem junto com outras coisas, como o uso de anéis de tamanhos progressivos para criar a ampliação do lobo do ouvido. O interesse do que acontece agora no campo da contrassexualidade, por exemplo...

Maria Homem – ... da Beatriz Preciado, que hoje assina mais como Paul Beatriz Preciado ou **Paul B. Preciado** e que, justamente, fez uma transformação de gênero em si próprio como forma de afirmação política e resistência.

Contardo – Exatamente. Esse interesse vai na direção do que a gente dizia antes, de que "o meu gênero, vou inventar radicalmente".

Maria Homem – Uma singularidade máxima da invenção.

Contardo – Sim, também. Você pode dizer que esse é o cúmulo de uma espécie de projeto individualista.

Maria Homem – Projeto de construção contínua do "eu", uma hipermodernidade avançadíssima.

Contardo – Pois é. Mas mesmo assim tenho um tremendo respeito por quem dá a cara a tapa, embora eu ache péssimo se drogar, ainda que seja com testosterona como ele fez e deve continuar fazendo.

Maria Homem – Ele escreveu um livro sobre isso, *Testo junkie*.*

Contardo – Eu tenho uma certa simpatia pelas pessoas que pagam o preço, como ele. Estar disposto a fazer isso para viver a aventura de um desejo que a gente não entende é algo que me impõe respeito. Isso é mais simpático do que quem trabalha contra.

---

* São Paulo: Martins Fontes, 2018. (N.E.)

Maria Homem – Sem dúvida. Jogar na retranca é sempre mais sem graça. Agora, a *body art* em si é quase uma arte da performance que vem nesse movimento Foucault-Derrida-Butler-Preciado passando por Deleuze, **Žižek**. Enfim, existe um certo núcleo de pensamento e de prática que se gostaria de vanguarda. E que é, de fato, e que está apontando para uma direção – que Butler pergunta se é uma direção ou uma tendência – que eu colocaria bem como arte performática, que não fica só no falar, no limite entre filosofia e arte, ou entre o pensar e o atuar. O que mais me inspira simpatia talvez seja essa ideia de não dissociação entre teoria e prática. Senão, podemos ficar em algo que muito se critica nas chamadas "humanas": num blá-blá-blá da linguagem mais esvaziada e de uma *filosofação* infinita – uma racionalização que seria quase um sintoma, à qual todos estamos sujeitos, a filosofia, a psicanálise, a sociologia, a psiquiatria, a economia, enfim, todas as ciências que lidam com o humano. Portanto, se conseguirmos juntar corpo e alma, real e simbólico, e praticar o que falamos, acho que estaremos num passo bem mais interessante até no nível de pensamento humano. Porque aí é um pensamento com consequência, que seria um processo analítico.

Contardo – Nessa família que você desenhou, na verdade, há diferenças muito grandes desse ponto de vista.

Maria Homem – Derrida estaria um pouco fora disso. Ou mesmo Deleuze. São pensamentos mais estritamente filosóficos que fazem a crítica conceitual do mundo que vivemos, a ser relido, desconstruído, ressituado em suas práticas de dominação e controle, inclusive do desejo e da linguagem. Já Butler e Preciado penetram as experiências específicas de diversos campos, como por exemplo o que chamamos hoje de universo *queer*.

Contardo – Sim, claro. Foucault, sem dúvida, estaria nesse campo.

Maria Homem – Exatamente, ele examina várias camadas da práxis, mas Foucault talvez não tenha vivido o suficiente para teorizar propriamente sobre o universo *gay*, como Preciado, que coloca o universo das lésbicas. "Sou homem" ou "sou mulher", pouco importa, por vezes o que se quer é estar fora do gênero. Eu admiro esse sonho, mas diria que é um sonho liberal, utopia extrema do capitalismo avançado.

Contardo – Bom, esse é mais um debate histórico do que de posição realmente, mas é possível que a história ocidental tenha seus melhores momentos sempre na hora de transições, que podem ser entendidas como tempos de máxima decadência, por exemplo. Podemos pegar como exemplo o século XVIII na França. Nesse sentido, não sabemos o que será o fruto do eventual desastre do capitalismo avançado.

Maria Homem – A apropriação do mercado sobre essa ruptura e essa transformação dos gêneros é um fato. Mas talvez não seja o principal. Talvez seja só o efeito de qualquer movimento de transição. O que, na melhor das hipóteses, nos leva a pensar que, a Terra sobrevivendo, nós vamos desconstruir tantas coisas e assim vamos nos reinventar continuamente. Talvez nós estejamos escolhendo isso. É bom saber o que estamos escolhendo.

Contardo – Eu sou a favor do bar de *Star wars*,* sabe? Onde tem uns 45 tipos de *aliens* falando línguas incompreensíveis!

Maria Homem – Sim, é uma utopia babélica. É quase de uma máxima singularidade, o império de um "eu" que não precisa matar o outro, com todos podendo conviver em paz. Não estaria aí uma chave para a tão famosa quanto aparentemente impraticável tolerância? Se a maneira com que vamos construir a arena pública vai ser essa, à bar de *Star wars*, que ótimo. Que seja a mais livre, a mais realizada e a mais desejante possível.

---

* Franquia cinematográfica de ficção científica dirigida por George Lucas. (N.E.)

Mãe também é mulher

Contardo – Um dos grandes instrumentos de transformação da mulher em mãe, ou seja, de recalque da sexualidade feminina, é a invenção e a valorização da família. É muito curioso, nós vivemos num mundo onde podemos falar qualquer coisa. E uma das bobagens mais incríveis é dizer que a família é um valor cristão. O que nunca foi. Não há nenhuma menção a isso nos Evangelhos ou nos Atos dos Apóstolos.

Maria Homem – Mateus, o Evangelho clássico...

Contardo – Muitas coisas ali apontam valores. Seguir o Cristo tem valor. Mas, certamente, a família não está entre eles. Pelo contrário. O Evangelho conta daquele seguidor que pede ao Cristo: "Mas, senhor, me deixe primeiro enterrar o meu pai". E o senhor responde: "Venha comigo, e deixe que os mortos enterrem os mortos". Realmente, é preciso ser curiosamente cara de pau para defender a família como valor cristão. A família é um instrumento de reprodução social, só isso. O melhor que a gente conhece. É óbvio, então, que o cristianismo dos primeiros séculos seja absolutamente contra a família, porque é nela que se reproduz o paganismo. A família é o lugar onde se reproduzem as doutrinas e os valores que são transmitidos dos pais para os filhos. Qualquer doutrina, quando nasce, é contra a família.

Maria Homem – Contra a tradição.

Contardo – Portanto, contra a família. Três séculos depois, quando o cristianismo tomou a hegemonia cultural, passou a ser totalmente a favor da família "pelo amor de Deus"!

Maria Homem – Quando virou tradição...

Contardo – Porque agora as famílias são cristãs, então viva a família que vai transmitir o cristianismo, reproduzir cristãos. Na verdade, viva a família não por ser um valor cristão, mas por ser um valor de reprodução. A família é um instrumento de controle e não se inventou nada melhor até aqui.

A família é um instrumento de controle e não se inventou nada melhor até aqui.

Entre outras coisas, é o lugar onde a mulher é especialmente recalcada e controlada porque é onde existe a expectativa social de que ela seja mãe e dona do *domus*.

Maria Homem – Rainha do lar.

Contardo – O materno é público. Falamos disso antes, sobre a Virgem Maria. O materno é o grande instrumento de repressão do sexual feminino. Tanto que a maioria dos casais que se separa o faz logo após o nascimento do primeiro filho ou do segundo, seja porque a mulher não acha mais graça na vida de casal, seja porque o homem não sente mais desejo pela mulher que se transformou em mãe. Não é preciso de muita psicologia dinâmica (ou seja, qualquer psicologia que explica a subjetividade a partir dos conflitos internos, como a psicanálise) para entender o que acontece nessas situações. A performance feminina como mãe geralmente tem um efeito difícil para o casal e sua sobrevida. Claro, com as devidas exceções que, aliás, confirmam a regra. Talvez valesse a pena explicitar que há o bom e velho complexo de Édipo* e o interdito do incesto. O homem não pode desejar a mãe, mas pode (e deve) desejar qualquer outra que não a mãe, aliás de preferência a mais distante da mãe, a puta. E a mulher também se vê educada para ser *ou* mãe *ou* mulher, como se fossem dois campos em oposição. Esse é o maior equívoco produzido pelo complexo de Édipo na cultura.

Maria Homem – O casal, não só como núcleo doméstico reprodutor da vida, mas em sua sexualidade, é levado a se apaixonar muito pelo projeto de fundar uma família. Aí, eles vão manter um laço insolúvel. Só que quando a ideologia contemporânea passa a cultuar o prazer em si próprio, o valor da própria vida acima da reprodução da vida do outro

---

* Conceito desenvolvido por Freud e inspirado no personagem da mitologia grega, que matou o pai e se casou com a própria mãe. (N.E.)

e do cuidado com o outro, cada vez mais a família vai sendo desmontada. Temos, então, um outro movimento. Hoje, nós nos divorciamos e aceitamos a ideia de não ver cotidianamente os filhos, de cuidar deles numa guarda "compartilhada" ou de deixá-los só com a mãe ou só com o pai. E também aceitamos a ideia de não ter filhos. Portanto, essa idealização do materno e da família, que foi uma construção hipertrofiada na primeira parte da modernidade, já não cabe mais hoje.

Contardo – Sim, em algum momento do nosso passado evolutivo, que ninguém sabe exatamente quando foi, acabamos nos tornando um dos únicos mamíferos superiores que transam porque estão a fim de transar. Tanto os machos quanto as fêmeas, independentemente do cio. Também os bonobos* transam mesmo quando a fêmea não está no cio.

Maria Homem – Eles fazem sexo fora do cio, olhando no olho, se beijam na boca, assim como nós.** Parece que gozar com a boca aberta é uma expressão facial comum à espécie humana e aos bonobos. Será que isso não complica, então, a nossa ideia de subjetividade, de alma, de psique? Porque temos a reprodução assistida, vivemos a revolução genômica... Nós pretendemos ultrapassar a estrutura material do sexo biológico,

---

*   Espécie de chimpanzé. (N.E.)
** Ver: https://www.psychologytoday.com/intl/blog/sex-dawn/201202/7-things-bonobos-can-teach-us-about-love-and-sex.

nos inventamos como andróginos ou como mulheres num corpo originariamente de homem. A biologia não dita quem somos; nós somos aquilo que inventamos. A subjetividade é, vamos dizer, altamente potente, é um eu potente. É um auge de narcisismo. Mas, ao mesmo tempo, ser sujeito e ter uma relação com o outro, possuir linguagem e sexualidade não reprodutiva não são atributos exclusivamente humanos. Somos bem mais próximos dos macacos do que imaginávamos, quase 99% do nosso material genético é comum a eles, mas ainda não estamos muito bem reconciliados com a nossa origem primata. Até hoje, há quem não aceite **Darwin** e *A origem das espécies*. Por todos os meios, tentamos nos afastar de nossos ancestrais. Inventamos teorias estranhas como a do *design* inteligente* e jogamos bananas para jogador de futebol negro.

Contardo – E o cio continua sendo o sinal da fecundidade feminina. Os mamíferos superiores normalmente se regram com isso: eles sentem desejo de transar quando a fêmea está no cio, que é o período em que ela tem menstruações, o que prova que está fecunda. É assim que funciona. Ou seja, aí existe uma coincidência de desejo sexual e reprodução. Nos humanos não é assim; é o contrário: o cio feminino, ou seja, aquilo que seriam reconhecidamente as menstruações, está

---

* Corrente de pensamento pseudocientífica que contesta as teorias evolucionistas e atribui a existência de uma diversidade biológica à interferência de uma inteligência superior. (N.E.)

completamente separado da fecundidade feminina. Em outras palavras, o nosso desejo sexual se separou há muito tempo da tarefa de reproduzir. Foi preciso, então, um baita peso cultural para que a reprodução continuasse parecendo o alvo da vida sexual. O que é, obviamente, falso, do ponto de vista de como funciona o desejo dos homens e das mulheres.

Maria Homem – Para fazer um parêntese ainda na linha evolucionista, uma pergunta: por que a própria natureza foi forjando essa separação? Porque o elo, o *bond* sexual mantém o casal não só para a reprodução, mas também para o cuidado da vida. Porque os primatas superiores, sobretudo o humano, o bicho humano, nasce cada vez mais prematuro, demandando assim um extremo e bem mais longevo cuidado. Como ficamos eretos, o canal vaginal se estreita, a cabeça diminui e a criança nasce precisando de mais tempo de formação.

Contardo – Sim, mas a extensão da prematuração também é cultural.

Maria Homem – Certo, mas uma parte pertence ao real. Os primatas, em geral, precisam de mais cuidados. Por isso, a macaca carrega seu filhote, que fica grudado na teta da mãe. Hoje, o bebê está grudado na teta da mãe, do pai, da creche, da escolinha, da babá, enfim. Nós aumentamos muito esse espaço. A sexualidade ainda tem a ver com a reprodução da vida, mas vem ganhando uma autonomia em relação a isso.

Estamos ousando nos permitir aceitar a ideia de, para o nosso maior prazer, não ter uma família com filhos. É uma ideia inédita – e ainda um pouco problemática em sua aceitação social. Hoje, casais ou mulheres assumem que a vida piorou depois do nascimento dos filhos. Esse é um discurso que há duzentos anos chocaria qualquer um. Agora, isso pode ser dito até em colunas de jornal, embora não seja tão simples. Essa é uma movimentação muito profunda.

A sexualidade ainda tem a ver com a reprodução da vida, mas vem ganhando uma autonomia em relação a isso. Estamos ousando nos permitir aceitar a ideia de, para o nosso maior prazer, não ter uma família com filhos.

Contardo – Sim. Desse ponto de vista, certamente um dos eventos, senão o maior deles, que desencadeiam o feminismo da segunda metade do século XX é a invenção da pílula. Esse é, obviamente, o grande momento em que a sexualidade da mulher deixa de estar ligada à reprodução.

Maria Homem – Sim, de uma maneira mais clara para as massas. Ela deixa de ser prática só dos bordéis. A sexualidade é legitimada, ela é para todos. Enfim, a tecnologia oriunda da guerra, sobretudo da Segunda Guerra Mundial, mais a tecnologia bioquímica sobre os corpos são os dois grandes pilares do estraçalhamento da cultura tal qual a víamos. Também o aborto deixa de ser mais ou menos secreto.

Aliás, esse tema é outro vespeiro. Acho que temos que cuidar da vida quando *queremos* cuidar da vida, porque dá muito trabalho. Mas eu diria que temos técnicas melhores do que o abortamento para tomar essa decisão.

Contardo – Sim, isso é claro. Ninguém imagina que o aborto seja uma metodologia de contracepção. Ninguém pensa isso, nem as mulheres que passam por três abortos em quatro anos. Mas, enfim, o que eu acho é que, se algum dia houver uma votação, um referendo sobre o aborto, os homens não devem votar. Eu realmente acho isso. Essa não é uma questão dos cidadãos; é uma questão do corpo da mulher, da livre decisão delas. Eu não penso que os homens devam ter o direito de votar sobre esse tema.

Maria Homem – Discordo, pelo mesmo motivo pelo qual começamos debatendo a existência deste livro. Todos os argumentos supracitados eu remeteria ao nosso caro leitor, porque é um pouco mais complicado do que "meu corpo, minhas regras". Porque há o corpo da mulher e o corpo de outra vida. O corpo da mulher é um hospedeiro e traz implicações a todos.

Contardo – Só que não acredito na *bona fide** dos homens nessa matéria.

---

* Boa-fé, em latim. (N.E.)

Maria Homem – Eu também não. Nem vou discutir o homem brasileiro clássico, que vota e alimenta bancadas BBB* para o Congresso.

Contardo – Os homens, em geral, pensam que, se a mulher gozou, tem que se lascar com esse filho que ela não queria. E condenar o aborto é mais uma maneira de reprimir a sexualidade feminina. Não acredito que exista outro argumento masculino contra o aborto.

Maria Homem – Estaremos numa matriz edípica radical, então? Isto é, na fantasia edípica masculina clássica, o lugar do materno seria o da pureza e, em última instância, o da assexualidade. Lembremos do arquétipo da Virgem Maria Mãe de Deus, no qual só se pode ser mãe sendo virgem. O que, lembremos, é um contrassenso. Uma mentira, pura e simples. Em termos técnicos, uma fantasia inconsciente. Pois, se a mulher é mãe, é justamente porque fez sexo com alguém que a fecundou.

Contardo – Totalmente. Porque o cara iria votar, então, como se fosse o pai eterno, acrescentando mais uma maldição para a mulher: "Você transou? Agora vai ter um filho. Você foi estuprada? Vai ter um filho igual". Tem homem escandalizado

---

* Sigla usada em referência às bancadas armamentista (bala), ruralista (boi) e evangélica (*Bíblia*). (N.E.)

por existir injeção peridural: "Como assim, o parto não vai doer? Como é que pode?". Realmente, não quero ver os homens votando esse tema. E vou defender essa ideia o quanto eu puder.

Maria Homem – Contardo, você não tem os homens em alta conta.

Contardo – Realmente, eu não tenho. Nem os homens nem as mulheres. [*Risos*]

Eu concordo em tese com o que você disse, mas não concordo que a gente possa imaginar que os homens votem sobre o aborto nesta fase, ou seja, depois de três mil anos de misoginia e, pelas teorias mais recentes, dois mil e quinhentos anos desde que foram escritos os primeiros cinco livros da *Bíblia*, que colocam a mulher como vítima de uma maldição divina porque conversou com a serpente. Parece-me impossível acreditar que os homens estejam em posição de poder votar qualquer coisa que concirna à mulher.

Maternidade: Maior realização da vida?

Contardo – Uma paciente minha de longa data engravidou e teve uma filha. Imediatamente, após sair do hospital, voltou para suas sessões porque estava, entre outras coisas, notavelmente angustiada pela chegada da neném, já que isso revolucionava sua vida. Ela me pediu: "Você tem que me ajudar". Respondi: "Claro. Como?". Ela queria saber como deveria limpar a vagina da neném. Eu disse: "Escute, mas..."

Maria Homem – "Como você limpa a sua?"

Contardo – Pois é. Eu disse: "Você deveria ter mais prática do que eu sobre essa questão". Foi engraçado porque, para ela, aquilo era realmente um enigma. É uma história interessante para mostrar o nível de recalque sobre a sexualidade feminina e como ele vale para todos, não só para os homens. As mães tratam o pintinho do filho homem com domesticidade, brincam com aquilo, mas a vagina, "meu Deus, o que devo fazer, será que tenho que limpar com cotonete?".

Maria Homem – Mas esse é um problema bem antigo, que é o claro/escuro. Não sei por que temos tanto medo do escuro. Um bom evolucionista diria: "É o perigo". O escuro é eventualmente o mal, o risco. Há desdobramentos, claro. Por exemplo, uma flor, uma prega, um desabrochar, enfim, tem metáforas belas. Mas, em última instância, achamos que o pênis, como está fora, é literalmente mais fácil de limpar, de cuidar, de olhar, de conhecer. E é mesmo. Tanto que agora existe até um discurso que está nas revistas femininas dizendo: "Sente-se no chão, pegue um espelhinho e olhe para a sua vagina". O que acho bom. Isso talvez devesse ser tema de escola.

Contardo – Nos anos 1970, era mais do que isso: "Use um espéculo para olhar dentro da vagina".

Maria Homem – "Deixe-me ver como é o meu ponto G." Vou dar um depoimento pessoal.

Existe uma ideia por aí de que a mulher, na gravidez, fica estranha, vira uma bomba hormonal. E vira mesmo, sem dúvida. E eu me lembro de duas coisas impactantes quando estava grávida. Uma delas foi numa feira. Senti ali com uma intensidade divina o cheiro do caqui, da banana, do peixe, da mandioca... Foi sensacional! Acho que nunca havia sentido tantos cheiros na minha vida. E a outra coisa é que, diferentemente do que se costuma dizer, o sexo era muito bom, inclusive no pós-parto. Mas os relatos mais comuns são de que a mulher perde o desejo completamente e só pensa no bebê, a vida sexual do casal acaba, enfim. Acho que, em grande medida, essa é uma construção cultural que está tão entranhada na cabeça da mulher que ela se prepara como nova mãe a sentir um grande amor pela cria e a não sentir desejo nenhum ou um estranhamento absoluto por um corpo de macho. Mas, que a mãe sinta um amor mágico, que se instala imediatamente pela cria, por um bebê que é, rigorosamente, um estranho para ela, essa é uma construção radical e altamente ideológica. Fora do corpo da mãe, o bebê é um outro. Para mim, pessoalmente, foi um encontro maravilhoso. Eu estava muito feliz de ser mãe, fui muito feliz na gravidez, enfim, sou muito feliz com meu filho. Mas aquele ser pode assustar também, causar um estranhamento. Assim como a nova posição da mulher como cuidadora e responsável, que traz o medo atroz da liberdade de poder, inclusive, destruir a criança. Essa, aliás, é uma fantasia muito comum das novas mães, de que possam matar a criança. De que possam afogar o filho no banho, fazer alguma coisa que o deixe assustado ou que tire a vida dele. Uma paciente dizia: é terrível saber que posso jogar o meu filho pela janela. E é mesmo. É um medo gigante que algumas mães têm da sua potência e da sua liberdade. A extrema potência do mais forte sobre o mais frágil.

Ao mesmo tempo, a cultura diz: "Agora que você é mãe, não será mulher". Mas a clínica revela que essa divisão materno/feminino ou materno/sexualidade adulta não é assim tão simples. Talvez materno seja só outro tipo de sexualidade, de

> **Que a mãe sinta um amor mágico, que se instala imediatamente pela cria, por um bebê que é, rigorosamente, um estranho para ela, essa é uma construção radical e altamente ideológica.**

realização de libido, de gozo, de prazer. Gozar com aquele ser perto do seu corpo, amamentar... Enfim, acho que essa divisão da sexualidade em mãe e mulher é muito didática, pedagógica e falsa. A vida é bem mais entranhada do que isso. E acho que, de alguma maneira, é isso que estamos dizendo neste livro.

Contardo – Acho que também é preciso dizer que a depressão pós-parto atinge boa parte das mulheres. É muito importante que elas saibam disso, que os ginecologistas digam isso para as mulheres que eles acompanham na maternidade, para elas não se assustarem se acontecer de elas se deprimirem, porque está totalmente dentro das estatísticas da normalidade. No hospital Sainte-Anne, em Paris, onde eu estagiei um pouco, havia dois grandes temas de trabalho: um era centrado nas tentativas de suicídio de transexuais operados e o outro na psicose puerperal. A gente focava, sobretudo, nos infanticídios, ou seja, nos casos das mulheres que tinham assassinado o filho ou a filha bebê numa psicose temporária. E quem dirigia a enfermaria tinha que dar várias respostas, algumas delas complicadíssimas. A mais complicada era: "Será que essa mulher, que teve uma psicose pós-parto, deve ser autorizada a ter outro filho?". Essa é uma questão muito delicada. O que eu sei é que vejo muitas mulheres para quem a gravidez se apresenta como uma experiência difícil. E costumo dizer a elas que o melhor filme que eu conheço sobre o assunto é *Alien, o* *oitavo passageiro*.* Brinco que elas têm que ver esse filme porque ele vai prepará-las para o pior!

Maria Homem – É um alienígena, porque está fora do *genus*. E ele vai fazer uma entrada. Ajuda saber disso antes, sem dúvida. Mas não significa que essa entrada do estrangeiro, do *alius*, do outro, vai ser necessariamente traumática.

Contardo – Não necessariamente. Mas é muito bom quer as mulheres saibam, por exemplo, que a depressão pós-parto é um fato banal.

Maria Homem – Corriqueiro, sem dúvida. Tanto que, hoje em dia, a linguagem se prontifica a ajudar a simbolizar essa vivência e encontrou uma nova nomeação, mais *pop* e leve, *baby blues*. Ouvimos, então, discursos e falas das pessoas que normalizam um pouco o horror que sentiram ou que temeram. E que podem dizer: "Eu tive *baby blues*". É um nome "fofo" até, em consonância com o "fofo" que se espera que se sinta diante de um *baby*. Veja só como a cultura e mesmo sua dependência colonialista, com tantos anglicismos, pode ter seu valor de amparo imaginário e até mesmo simbólico.

Contardo – É bom que elas, as novas mães, possam estar preparadas para isso. Porque o fato pior não é tanto a depressão em si. É que as mulheres que passam por isso –

---

* Filme de 1979, dirigido por Ridley Scott. (N.E.)

mesmo aquelas que não precisam de medicação (se é que antidepressivos ajudam nesse caso) – com muita frequência se sentem tremendamente culpadas pelo que está acontecendo com elas. É a sensação de que "estou fracassando naquilo que o mundo mais espera de mim".

Maria Homem – Que é sentir esse amor universal. A mulher se vê, então, culpada por dois motivos: por não estar gozando ao máximo da maior realização de sua vida e por não estar amando esse filho, o que seria um pecado.

Contardo – "Maior realização" entre aspas, não é?

Maria Homem – Sim, essa é a narrativa. A mulher perde dos dois lados: por poder fazer o mal e por não gozar de um bem, num mesmo movimento. Não só ela, muitas vezes, não está feliz e realizada como deveria, como está triste, infeliz e tem medo do seu próprio potencial destrutivo. E aí ela se culpa, inclusive porque não tem consciência de toda essa narrativa para poder colocá-la em xeque, para questioná-la. Essa é uma situação sofrida e muito recorrente na clínica: a da mãe que tem essa vivência de *baby blues* ou depressão pós-parto; e também a vivência por vezes traumática do filho que é fruto disso. E é uma situação que vai gerar muitos efeitos. Porque o tempo todo essa mãe vai duvidar de sua própria conexão com o filho e, eventualmente, vai hipercompensá-lo. Enfim, vira uma bola de neve. Hoje menos do que antes, é claro, porque se pode falar e pensar sobre isso. Já existem filmes, livros, debates que ajudam a desmistificar esse lugar de glória e graça do materno. Fala-se, inclusive, sobre o que eu diria ser a mais radical dentre as várias posições nesse espectro: a das mulheres que afirmam, literalmente, que se *arrependem* da maternidade. Há livros e mesmo artigos científicos sobre isso. Mas ainda é algo problemático. Eu mesma escrevi um artigo para um jornal uma vez e dei como título uma frase que estava no grafite de uma artista plástica, e que dizia o seguinte: "Cheia de graça é o caralho". O texto "bombou", mas não passou com esse título. E eu ainda começava o artigo assim: "Ave Maria...". Era para discutir essa ideia. O texto passou, mas eu quase não passei, porque apanhei de vários lados – o que sempre deve ser positivo. Apanhar de um lado só significa que estamos apegados a algum tipo de verdade. Mas esse tema ainda é um tabu. Nós estamos encostando neste livro em alguns dos tabus contemporâneos. Alguns são remanescentes lá de trás e outros serão novos tabus.

Contardo – Só uma coisa: esse mesmo tipo de culpa também cai em cima das mulheres que escolhem não ter filhos. É uma decisão muito complicada. Frequentemente encontramos alguma mulher que parece estar, digamos, nas últimas horas do relógio biológico e vemos que é muito difícil para ela entender se quer mesmo ter filhos ou não.

Maria Homem – "Será que eu não vou me arrepender? Tenho muito medo de fazer uma enorme bobagem."

Contardo – Hoje existe um truque: a mulher pode congelar os óvulos.

Maria Homem – Ela pensa: "Vou ganhar tempo".

Contardo – Sim, e congela os óvulos. Como se fosse fácil, aliás. Mas não é. Congelar embriões ainda funciona melhor, mas congelar óvulos e reimplantá-los aos 45 anos não é assim tão simples. Enfim, independentemente disso, é realmente uma decisão complicada. Lidar com a expectativa social ainda é muito difícil. A mulher que escolhe não ser mãe é acusada de egoísmo, de fracasso. É algo quase aristotélico: afinal, se ela tem a potencialidade de ser mãe e não é, não vai ter transformado em ato toda a sua potência. Entende-se que a mulher fracassou porque não exerceu o máximo da plenitude do seu corpo. Porque ela não foi aquilo que poderia ter sido.

Maria Homem – E isso gera culpa também. Um outro problema importante que aparece muito na clínica sobre esse tempo de ser mãe, além da dúvida sobre o desejo de ter filhos ou não, é a busca do parceiro para isso. Esse é outro ponto importante do feminino hoje: com quem a mulher quer ter filhos? Qual seria o pai ideal? Essa distinção entre o parceiro e o pai do filho pode parecer óbvia, mas é um movimento inédito, que vem acontecendo de uma forma cada vez mais clara. Tanto que as meninas mais jovens, ou as jovens mulheres entre 25 e 35 anos, que, na nossa cultura, é uma faixa mais reprodutiva, estão dizendo: "Deixe eu terminar a minha formação, entrar no mercado de trabalho, me alinhar, depois vou ter meu filho". O projeto, normalmente, é este: terminar o circuito pedagógico, ter filho e depois pensar num parceiro. Isso é inédito. Não estamos mais casando antes e nos reproduzindo depois. Às vezes, estamos apenas nos reproduzindo. Na Escandinávia, por exemplo, é interessantíssimo, porque a reprodução é cada vez mais monoparental, com a mãe indo ao banco de sêmen. É a mulher que resolve essa questão. Ela vira mãe e depois, eventualmente, vai dar conta da vida amorosa. Acho que isso tem efeitos muito importantes sobre o próprio feminino e, sobretudo, sobre o masculino. Porque o homem, em alguma medida, está sendo dispensado do lugar de garantidor, de grande realizador do desejo de ser mãe das mulheres.

Contardo – Há uma certa similitude aí entre, de um lado, os aventureiros do gênero, que vão decidir o próprio gênero e transformar o corpo de uma maneira totalmente autônoma, e, de outro, a ideia de que a reprodução é decidida pelo banco de sêmen.

Maria Homem – E no momento que a mulher quiser. Entendo essa correlação.

Contardo – Além do mais, nos bancos de sêmen dos países nórdicos, não se tem o nome nem o sobrenome do doador, mas é possível saber a altura dele, se ele foi para a universidade ou não e outras características importantes. No Brasil, por razões puramente moralistas, não é assim.

Maria Homem – Seria até interessante, para termos um retrato da nossa cultura, elencar quais são as características que julgamos relevantes para informar à sociedade. Isso revelaria o que desenharia nosso imaginário de "pai" ou, ao menos, de reprodutor.

Contardo – É a mesma coisa com a compra de óvulos. No Brasil, não se pode saber de quem veio o óvulo.

Agora, eu entendo bem que uma mulher possa querer se reproduzir comprando sêmen e selecionando os doadores. Mas eu acho misterioso o cara que se masturba num banco de sêmen. Qual é a fantasia dele?

Maria Homem – Isso eu entendo muito bem. É o "crescei e multiplicai-vos", espalhai vosso sêmen em todas as fêmeas.

Contardo – Será que é isso?

Maria Homem – Tem um cara, se não me engano é americano, que é um dos campeões do ramo do sêmen.

Contardo – Mas nós aqui temos um médico ginecologista de reprodução assistida que fecundou dezenas de mulheres com o sêmen dele.* Está preso, mas não é o único caso. Tem outros parecidos mundo afora. Em 2018, o *New York Times* falou de dois médicos americanos que estão competindo com o nosso.**

Maria Homem – É uma fantasia de reprodutibilidade, de fertilidade que, cá entre nós, é a deusa Gaia.*** Só para provocar, é uma fantasia feminina, não? Aliás, não só o banco de sêmen, mas a própria genômica talvez seja uma tendência. Será que nós levaremos às últimas consequências o biopoder, a biopotência, vamos chamar assim, a potência de incidir sobre a vida? Eu diria que esse vai ser um grande território de transformação. Cada vez mais, vamos perder quaisquer pruridos anteriores e falar: "Quero, sim, escolher o meu filho. Não faz sentido deixar ao acaso". Ou seja, por que cultuar o deus da aleatoriedade se podemos saber e modificar todo o

---

* Referência a Roger Abdelmassih, condenado a 181 anos de prisão por estuprar pacientes. (N.E.)
** Ver: https://www.nytimes.com/2018/08/30/us/fertility-doctor-pregnant-women.html.
*** Na mitologia grega, a Mãe-Terra, criadora de todos os deuses. (N.E.)

futuro? Nós estamos fazendo essa transição, acho que não há dúvidas quanto a isso. Escolher se quer menino ou menina é bê-á-bá. Se quer sem células cancerosas é "tri-á-bá". E vamos sofisticando isso. Não sei quando, mas acho que buscaremos definir até o que seria uma suposta estrutura psíquica, uma formatação social que poderia gerar um enunciado do tipo: "Ele é vencedor ou não é". Quais moléculas e genes fariam do meu filho um *winner*? Vamos colocar todas as nossas distopias (ou utopias) literárias e cinematográficas em ação porque é isso que está vindo aí. Ou estou muito rápida? Estou três séculos à frente?

Contardo – Acho que não é tanto assim. Estou bastante convencido do fato de que, se tivermos a técnica, vamos usá-la.

Reconfigurar o pacto social

Maria Homem – No lugar do materno, existem várias culpas: "Não desejei estar grávida, mas estou. Devo abortar?". Essa pergunta já é a primeira grande encruzilhada possível para uma mulher, e que pode gerar a responsabilidade e, eventualmente, a culpa sobre o não querer. Depois nasce a cria e a mãe não ama imediatamente aquele filhote, não há aquela transmutação mágica do afeto – esse é o segundo momento de culpa, do qual já falamos. O terceiro grande momento é: "Trabalho fora. Sou trabalhadora, operária, não sou só mãe". A mulher, então, deixa a cria no sistema de prolongamento da maternagem que foi inventado justamente na virada do século XVIII para o século XIX, e aí surge a culpa porque "meu filho é tão pititico e já está na creche". Esse é um problema importante para várias mulheres. É a eterna pergunta: "*Should I stay or should I go*, devo trabalhar ou ficar com meu filho? Tenho que abrir mão do quê?". Porque, além do mais, a mulher tem, no mínimo, uma

A mulher tem, no mínimo, uma tripla jornada hoje. Ela tem múltiplas funções: é mãe na casa, cidadã na *polis* e trabalhadora no mercado. E existe ainda uma outra grande função que é exercida – ou demandada a ser exercida –, que é a de ser uma mulher desejada.

tripla jornada hoje. Ela tem múltiplas funções: é mãe na casa, cidadã na *polis* e trabalhadora no mercado. E existe ainda uma outra grande função que é exercida – ou demandada a ser exercida –, que é a de ser uma mulher desejada. A mulher, assim, tem que operar um tratamento de si, um cuidado de si para se manter como objeto de desejo, que implica comer bem (e pouco), ir à academia, cuidar do cabelo, das unhas, das roupas, da pele... Isso é assustador. Antes, era comum ver velhas senhoras andando pelas ruas ou sendo nossas avós e tias. No interior do Brasil, uma senhora de 60 anos ainda é uma senhora de 60 anos, que teve a menopausa e engordou um pouco. Mas hoje não pode. Não é permitido à mulher envelhecer, engordar, deixar de ser uma ninfeta. Ou ao menos uma mulher desejável. Está cheio de anúncios ou pseudorreportagens com títulos chamativos: "A avó que foi confundida com a neta"; "Como ter 70 anos com cara de 35"; "Como parecer mais jovem"... Enfim, é o velho e cada vez mais exigente imperativo da juventude. São novas faces e formas de subjugar a mulher.

Esse grande atarefamento não seria em alguma medida uma forma de controle sobre o corpo da mulher, obrigando-a a fazer-se bela, desejável, mãe e, de preferência, ganhando dinheiro? Onde será que erramos na revolução feminista? Será que demos tudo de graça e não negociamos? Porque nós saímos para o mercado, mas estamos fazendo dupla, tripla, quádrupla jornada de muito trabalho. Lutamos tanto para poder falar, pensar, escrever, ter direito à propriedade, ao mercado, mas "pode deixar, *baby*, que eu cuido aqui da cama, mesa e banho". Agora, estamos com dificuldade em colocar essa *homarada* aí para dentro da casa trabalhar. Isso sem colocar na pauta a diferença das cargas e as terceirizações dos trabalhos "cuidadores" que existem entre as várias classes sociais. Como se discute muito hoje em dia, as pessoas mais ricas compram o trabalho barato das pessoas mais pobres, assim como as pessoas (e mulheres) mais ricas compram o trabalho doméstico das pessoas mais pobres, sobretudo o das mulheres empregadas domésticas.

Contardo – Bom, é complicado decidir o quanto a mulher é relegada à função de administradora do *oikos*, enfim, do lar, e o quanto ela pode estar a fim de compartilhar esse poder. Porque é um extraordinário poder. Na cultura islâmica, por exemplo, as mulheres não têm nenhum poder na praça, mas na casa são completamente dominantes. Essa é uma questão para ser levantada. E outra coisa que me interessa é esse fenômeno, que é tão facilmente criticado e até satirizado, da mulher que, aos 60 e 70 anos, tem que continuar ninfeta, digamos assim, ou que precisa malhar e manter um físico vinte anos mais jovem se for possível. Eu tenho uma posição ambivalente quanto a isso. Porque, por um lado, sim, é mais uma jornada. É a jornada da amante, além da jornada da esposa, da mãe, da profissional. Mas, por outro lado, existe o

Por outro lado, existe o fato de que a mulher pode desejar ser objeto de desejo. fato de que a mulher pode desejar ser objeto de desejo. Ou seja, desejar o desejo do outro. Aliás, esse é o único desejo que nós realmente temos, tanto homens como mulheres. Para mim, é uma novidade sempre altamente positiva. E é um problema que, a partir da segunda metade do século XX, os homens também passaram a ter.

Maria Homem – "Fica barrigudo aí na frente da TV que eu largo você."

Contardo – Exatamente. Os homens descobriram, a partir dos anos 1960, que eles têm um corpo.

Maria Homem – E um corpo desejável, não só um corpo de exploração do outro, de força ou de guerra.

Contardo – Exatamente, um corpo de desejo. Os homens descobriram que a definição do masculino não se limitava à posição do protetor, mas era também objeto do desejo. Um exemplo clássico é que as mulheres prestam mais atenção à bunda dos homens. O que, para os homens da minha geração, foi uma descoberta traumática porque, tradicionalmente, nós não temos bunda nenhuma.

Maria Homem – Alguns têm, fique tranquilo quanto a isso.

Contardo – Não, nós não temos. É por isso que usamos casacos compridos.

Maria Homem – Para esconder a castração. Veja só que interessante... [*Risos*]

Contardo – A castração posterior. Mas, enfim, certamente, o feminismo está pagando algum preço.

Maria Homem – Sem dúvida. Por isso falei sobre a *negociação* que, consciente ou inconscientemente, é sempre feita quando se opera um grande deslocamento dos lugares sociais. É como se tivéssemos um pacto: "Você trabalha aqui e fica responsável por isso (a casa); eu trabalho acolá e fico responsável pelo resto (todo o resto, o 'mundo')". Quando as mulheres buscaram equidade, na verdade elas saíram para a rua, para o mundo e, de fato, acumularam os dois grandes campos do trabalho – alto preço pago pela conquista dos territórios. Não foi uma partilha dos trabalhos entre todos, homens e mulheres, independentemente de gêneros.

Contardo – Eu tenho um ponto de vista muito urbano, mas uma coisa é um casal de classe média em São Paulo e outra é um casal na área rural no interior do mesmo estado, sem ir muito longe. A sociologia é muito variada. Mas a minha impressão é que, apesar de tudo, nos últimos 30 ou 40 anos, a posição do homem na divisão do trabalho dentro do casal mudou em alguma medida.

Maria Homem – Mudou, mas mudou muito menos do que poderia ou deveria mudar.

Contardo – Sim.

Maria Homem – A questão é que a maternagem não está sendo bem partilhada. E o que acontece é que as crianças estão mais largadas e terceirizadas, isso em todas as classes. Elas são terceirizadas com a babá, com a empregada doméstica e com a escola. Só que a babá ou a empregada doméstica também terceiriza os filhos com a babá do quintal coletivo – como bem mostrou a vasta pesquisa de **Arlie Hochschild** e **Barbara Ehrenreich**, em *Global woman*,* sobre a circulação global de babás, empregadas e trabalhadoras do sexo na nova economia globalizada. Enfim, as crianças estão soltas. Ou estão na frente da TV ou do *tablet*, dependendo do nível de exclusividade que podem comprar da babá eletrônica. Isso tem gerado inúmeros efeitos. Tanto que, quando surge a figura da síndrome generalizada de autismo no DSM,** vários pesquisadores

---

* *Global woman: Nannies, maids, and sex workers in the new economy*. Nova York: Henry Holt and Co., 2004. (N.E.)

** *Diagnostic and statistical manual of mental disorders* – *Manual diagnóstico e estatístico de transtornos mentais*, publicado pela Associação Americana de Psiquiatria. (N.E.)

vão dizer que ela está ligada a essa ausência do outro ou a um outro que não olha para a criança nem conversa tanto com ela. Não está "na moda" ser autista? Mas será que é um autismo verdadeiro? Se a criança não fala, pode ser só um atraso, enfim, há todas as afasias.

Onde está a maternagem? Talvez devêssemos até inventar um outro nome para isso, porque quem disse o que é o materno? Mas quem faz a função de primeiros cuidados senão a mãe? Esse é um dos grandes problemas reais e sociais hoje. Não se trata do "novo homem" da Zona Oeste paulistana ou da Califórnia, que é charmoso, inteligente, gosta de ser pai e gosta de mostrar tudo isso no Instagram. Ou seja, não estamos falando somente da idealização de um lugar, de um estereótipo ou modelo identificatório a ser seguido. É um problema real a ser resolvido. Tem que se cuidar da prole, e esse trabalho é assexuado. Por quê? Simplesmente porque o trabalho na rua é assexuado. A partir do momento em que "todos somos iguais perante a lei", a clássica divisão social e sexual do trabalho foi dessexualizada. Todo mundo pode fazer tudo. Todo mundo pode ir à guerra, jogar futebol, trocar fralda... Daqui a pouco, o homem vai parir. Ou a robótica vai parir, vai ser tudo de proveta, modificado geneticamente.

Enfim, vivemos transformações brutais, no melhor sentido, e não há como não reconfigurar todo o pacto social e sexual. E há ainda uma outra parte do pacto a ser reconfigurada: a da sexualidade. Porque antes a mulher fazia uma troca: "Case-se comigo que tranço com você". A partir do momento em que diz: "Eu quero trançar com você", ela perde a possibilidade imediata de compromisso e casamento. Afinal, o homem pode ter sexo sem casar. Então, ele não casa. Ele faz sexo, engravida e abandona. Eis um roteiro muito comum. Como poder fazer o sexo que se deseja e continuar a ter um parceiro que ajude a criar a prole? Isso não está ainda numa equilibração prática. E é um dos grandes desafios da transformação social e subjetiva que estamos construindo.

> **Como poder fazer o sexo que se deseja e continuar a ter um parceiro que ajude a criar a prole? Isso não está ainda numa equilibração prática.**

Contardo – Os homens estão perdidos diante do "eu quero trançar com você", porque isso os coloca diante de responsabilidades que, realmente, eles pensavam que pudessem evitar. A começar pela responsabilidade de serem desejados. Agora, sobre a questão da maternagem, eu não sei se no futuro imediato tem como sairmos do dilema entre a mulher se tornar mãe ou viver a culpa de não ser a mãe que a expectativa social quer que ela seja. Acho que a solução para isso está muito longe porque, mesmo os pais que são capazes de fornecer cuidados maternos, em geral, são pais que maternam no domingo, quando tem hóspedes para quem mostrar que sabem trocar uma fralda.

Mas, quando se trata do dia a dia, do buscar a criança na escola e levar para casa, os homens realmente são uns fracos.

Maria Homem – Sim. É por isso que eu digo: é necessária uma nova pactuação quanto a isso. Clara, honesta, direta.

Contardo – O leão, por exemplo, faz o serviço doméstico, porque ele fica em casa com as crianças. A leoa é que vai caçar. E ele fica lá com a cria. Pronto, está decidido.

Maria Homem – Mas, por exemplo, para voltar à complexa questão da interface entre biologia e cultura: o cara quis reproduzir a vida, cuida um pouco da casa, cuida da criança, trabalha, está lá nesse périplo humano do século XXI. E na hora que aperta e a criança começa a chorar, o pai tenta fazer com que ela se acalme ou durma, mas não consegue. O que ele faz? Tenta acalmá-la por cinco, dez minutos, se angustia e passa a criança para a mãe, que é quem amamenta. Quanto podemos, então, livremente reconfigurar esse pacto, como eu mesma falei, assexuar o trabalho sendo que ainda é um corpo sexuado feminino que vai gestar, parir e amamentar? Não podemos negar esse fato para fazer essa repactuação que acho extremamente necessária. Será que, para além do peito que acalma o bebê, haveria formas de nós, homens e mulheres, aprendermos a lidar com uma criança?

Contardo – Isso seria muito bom. Sempre achei completamente extraordinário que a variedade de queixas que se expressam no choro da infância sejam todas respondidas por via oral.

Maria Homem – Sim, mas funciona. Ou não?

Contardo – Bom, funciona no sentido de que há os adictos orais: os fumantes de cigarro, comedores de pudim de chocolate...

Maria Homem – Faladores compulsivos...

Contardo – A oralidade continua sendo aquilo que nos satisfaz.

Maria Homem – E que nos tranquiliza.

Contardo – Porque, claro, todos os nossos pedidos sempre foram respondidos dessa maneira. Pouco importa, então: podemos chorar porque nos sentimos sozinhos, porque a vida é ruim, porque não sei o quê, mas a única coisa que sabem nos dar é uma mamadeira a mais.

Maria Homem – Aqui a gente entra num cerne ontológico radical. Porque em parte não sabemos muito bem como agir diante da linguagem não verbal que é esse choro. O pai, então, fala: "Dê o peito para esse menino!". E a própria mãe diz: "Dê o menino aqui, você não sabe fazer nada. Você é incompetente". Existe, então, um discurso feminino/materno que procura, mais uma vez, provar a incapacidade do macho de cuidar do seu filho.

Contardo – Conheci o caso de um homem que ficou viúvo com um bebê muito pequeno e tentou amamentá-lo no peito. Tudo bem, salvo que ele não tinha leite. Esse cara, então, construiu uma artimanha com um tubinho de plástico que ele colava no peito para dar o leite à criança.

Maria Homem – Uma mamadeira oculta...

Contardo – Sim, e esse cara entrou numa real loucura e foi procurar um plástico que pudesse inserir o tubinho por baixo da pele, saindo pelo mamilo.

Maria Homem – "Eu quero uma teta, doutor!"

Contardo – É bom lembrar que conheci esse caso a partir dos efeitos que essa estranha amamentação teve no filho, em sua vida adulta, quando foi diagnosticado como esquizofrênico.

Maria Homem – Mas, sabe, uma outra loucura muito interessante é um movimento que começou nos Estados Unidos, um celeiro de criatividade global, chamado *Adult breastfeeding relationship*, que consiste em ter um tipo de relação sexual mamando na mulher.

Contardo – Os americanos, no caso, não inventaram nada. Existe um conto de **Guy de Maupassant*** sobre uma ama de leite morrendo de dor porque seu peito está completamente cheio. Ela pede ajuda a um homem que vê aquilo e fica completamente louco de tesão, se ajoelha e toma cada gota. Essa história fazia parte dos contos proibidos, que ficavam bem em cima na biblioteca do meu pai. Mas eu conseguia subir...

Maria Homem – Seu pai era moderno, *avant la lettre*.

---

*   *Idílio*, de 1884. (N.E.)

Objetificação e desejo

Maria Homem – Será que temos como sair das grandes tramas do poder? Objetificação e dominação, como sair disso? Se conseguíssemos, eu morreria feliz e com fé na humanidade.

Contardo – Eu não.

Maria Homem – Não? Por quê? O poder lhe dá tesão?

Contardo – Sim, inevitavelmente. [*Risos*] Mas existem vários pontos nessa questão. Uma coisa é combater o assédio, a instrumentalização do poder para a sedução e, em última instância, o estupro. Por outro lado, é muito importante que a gente entenda e aceite o fato de que não há sexualidade sem objetificação do outro, vamos dizer assim. Isso vale tanto para as mulheres como para os homens: não há fantasia sexual de nenhum tipo que não possa ser reduzida a uma matriz comum profundamente masoquista. A sexualidade humana está totalmente tomada por um modelo primeiro de gozo, que é um modelo de ser, justamente, um objeto sem defesa nas mãos poderosas de uma mãe ou de um adulto que nos vira para cima, para baixo, levanta, dá banho, toca como quiser. Se não admitirmos como ponto de partida que existe, realmente, um masoquismo originário na sexualidade humana, estaremos lutando contra moinhos de vento. Por isso, uma coisa é combater o assédio, e outra é imaginar que possamos ter uma sexualidade que evite objetificar o outro. Não. A sexualidade é fazer do outro objeto do meu desejo e fazer de mim objeto do desejo dele. Sem isso, não há sexualidade. Pode existir amor, mas sexo, não. Tudo bem, podemos desistir do sexo para viver numa sociedade de sujeitos que se respeitam e se complementam. Mas o sexo não é isso. O sexo é um negócio que toca o corpo, que morde, que amputa partes, que corta, recorta. O sexo é sempre violento, em alguma medida, e trata o outro como objeto. É isso que é o sexo, *like it or not*. É *take it or leave it*.

Maria Homem – A matriz originária é masoquista, mas também, paradoxalmente, um pouco sádica.

Contardo – Sim, mas secundária. Para Freud, todo sadismo é secundário, ou seja, é uma transformação do masoquismo originário e comum. Freud levou tempo para chegar a essa constatação, não foi fácil, e eu concordo com ele.

Maria Homem – Sem dúvida. Mas só para ampliar a conversa aqui, tomar o outro como objeto é masoquista ou é sádico ou é a mesma coisa?

Contardo – Tomar o outro como objeto parece e é uma posição sádica, mas mesmo o sádico não goza tanto de sua posição quanto de sua identificação com o outro que ele está reduzindo a objeto. Ou seja, ele goza sonhando em ser o masoquista do casal.

Maria Homem – A gente goza sendo objeto, porque nasce bebê. Só por isso. A gente nasce objeto, e até a depressão pós-parto, para fazer uma ponte com o que dissemos lá atrás, tem a ver com esse se assustar diante de ser sujeito, um sujeito diante do objeto que se tem em mãos. Essa posição de ser sujeito adulto, às vezes, nos tira o chão.

Contardo – E não há bicho na Terra que seja objeto por tanto tempo quanto o homem.

Maria Homem – Sim, esse pequeno ser prematuro até se esforça para continuar sendo objeto e, de preferência, criança infantil por mais tempo do que o necessário, inclusive. Mas talvez tenhamos que juntar a esse masoquismo originário o assédio e, sobretudo, o *bullying*, porque aí já não é mais "me ame", e sim "me ame na porrada porque eu sou superior". O *bullying* só funciona por esse processo de duas faces entre o masoquismo originário e o sadismo que o complementa, com a figura daquele que exerce o assédio do outro lado da moeda. É por isso que eu digo que esses processos também dialetizam. A matriz da fantasia é esta: sujeito/objeto. Sujeito que usa sua potência e que goza com ela, e objeto que goza com o uso da potência do outro.

Contardo – Sim, mas esse é um segundo turno, digamos assim. Porque essa é uma questão classicamente moderna. Ela surge de uma maneira evidente no fim do século XVIII, a partir do momento em que o poder deixa de ser atribuição de uma casta, de quem nasce em berço nobre, como era o caso no Antigo Regime. A partir da Era Moderna, então, todo mundo pôde realmente sonhar com o poder. Ele se tornou um objeto erótico. Se tem uma coisa interessante, aliás, na obra de **Sade** é isso, que o poder sobre o outro é erotismo. E é um erotismo fortíssimo. Nós temos duas coisas, então, que compõem o erotismo humano contemporâneo: uma tremenda fantasia masoquista e o erotismo de um possível poder sobre o outro. É importante entender: sofrer assédio ou violência não é uma coisa legal, não é uma experiência erótica. Mas, para pensar esse fenômeno, é preciso ter esses dois elementos bem em mente, senão vamos ter soluções totalmente estapafúrdias.

Por exemplo: é notório que escrevo um seriado de televisão.* Eu estava revendo um diálogo, uma cena de quatro amigas num bar discutindo sobre o maternar ou não e, em dado momento, uma delas faz um gesto e pede mais uma rodada para o garçom, que é um cara todo musculoso.

Maria Homem – Um bonitão...

Contardo – Sim. E, brincando, quando ela diz "mais uma rodada", o garçom dá uma rodada. Roda para elas olharem para ele. E elas olham e riem. É uma cena totalmente inocente, mas que criou durante sua leitura uma resposta de indignação, à qual me opus totalmente. Algumas mulheres que estavam presentes na leitura achavam que nós deveríamos promover uma sexualidade sem objetificação, mas mantive a cena. É incrível imaginar que as mulheres não possam objetificar o corpo masculino exatamente como os homens fazem com o corpo feminino.

Maria Homem – Esse é o sonho.

Contardo – Mas isso não existe.

Maria Homem – Mas essa é, vamos dizer, a grande fantasia contemporânea daquele sujeito que se vê como o

---

* *Psi*, série que estreou em 2014 e que atualmente está em sua quarta temporada. Acompanha o dia a dia de um psicólogo, que é também psiquiatra e psicanalista, dentro e fora de seu consultório. (N.E.)

próprio poder. Nós estamos num delírio de tirar o poder de cena. O politicamente correto não é um pouco isso? É tentar, por todas as vias mais loucas ou mais engraçadas ou mais patéticas, cortar qualquer cena que lembre uma suposta submissão – uma objetificação ou um ferimento. Por exemplo, numa universidade, não se pode dar uma palestra livremente, porque talvez magoe algum aluno. Ou como discutir assédio sexual e se colocar contra o *mainstream* publicando um livro que gera polêmica? Foi o que aconteceu, por exemplo, com **Laura Kipnis** em Chicago.* É como se nós estivéssemos levantando cada vez mais o véu do recalque, ampliando a consciência e vendo o quanto gozamos com esse poder, com essa potência, mas, assustados, recusamos isso. Nós, então, *re-recalcamos*. Dizemos: "Não, o outro jamais é objeto".

Acho que estamos numa encruzilhada hipercomplexa. Eu mesma falei: nosso processo civilizacional é a ampliação dos lugares de subjetivação. Todos somos sujeitos e exercemos essa subjetividade – mas, adendo, sabendo que podemos fazer um jogo de disputa e de dominação. E que seja um jogo. Por isso, é interessante a prática BDSM,** porque ela está no ritual. Não só a prática BDSM, mas o sexo, propriamente dito, é um ritual que toca nesse lugar. E a prática BDSM, essa encenação,

---

* Ver: https://www.theguardian.com/world/2017/apr/02/unwanted-advances-on-campus-us-university-professor-laura-kipnis-interview.

** Sigla para "bondage, disciplina, dominação, submissão, sadismo e masoquismo", conjunto de práticas sexuais que devem ser consentidas por seus membros. (N.E.)

o toca mais claramente. Talvez o jogo ou a luta ou o UFC, o esporte ou, enfim, qualquer tipo de disputa tenha que deixar de ser hipócrita. Porque gozamos no jogo da dominação. E que seja jogo, não dominação do corpo, como: "Escravo, trabalhe para mim. Proletário, proletarize-se por mim". Isso precariza o trabalho, separa o sujeito da relação com seu trabalho e o mantém numa posição de maior submissão.

Enfim, eis aí o desafio: criar cenas de jogo mais justas e talvez mais restritas aos campos da encenação, e não tão amplas como no campo do cotidiano, do trabalho ou do espaço público, como praças e ruas. Não podemos usar o corpo do outro, mas brincar de usá-lo, fazer essa cena compactuada, sim. Temos que saber que é dessa maneira para poder tramar os espaços em que acharíamos interessante fazer isso, para a mulher poder andar em paz na rua. Porque ela não anda em paz. Ela tem medo. Ou poder falar em paz em qualquer lugar, e a partir de qualquer lugar, ter mais poder de fala. Ainda se busca deslegitimar de várias e por vezes sutis maneiras a fala das mulheres. Ou deslegitimar a liberdade de seu corpo ocupar o espaço (e todos os espaços). A guerra não está ganha.

> **Não podemos usar o corpo do outro, mas brincar de usá-lo, fazer essa cena compactuada, sim. Temos que saber que é dessa maneira para poder tramar os espaços em que acharíamos interessante fazer isso, para a mulher poder andar em paz na rua.**

Contardo – Mas tratar essa questão com seriedade é realmente muito difícil. Porque o caminho mais fácil é tomar a posição, impraticável, da permissividade total, ou seja, do vale-tudo. Qualquer um que estivesse a fim poderia, então, colocar a mão na bunda de uma mulher. No Carnaval, por exemplo.

Maria Homem – Mas nem no Carnaval isso pode.

Contardo – Eu sei, mas é uma situação que tem aqueles argumentos como "se está na chuva é para se molhar".

Maria Homem – "E com essa roupa ainda!"

Contardo – Ou tomamos, então, uma posição de absoluta permissividade...

Maria Homem – ... que não é sustentável.

Contardo – Praticamente não é sustentável. Ou percebemos imediatamente que é muito complicado. Porque a primeira resposta é dizer que vale tudo no espaço do "jogo erótico".

Maria Homem – Na cena que a gente combinou, seja ela erótica, política, esportiva, enfim, nas várias cenas pactuadas, sim, vale tudo.

Contardo – Sabe aqueles pequenos letreiros verticais que se colocam na porta dos quartos de hotel: *"Do not disturb"* ou então "Arrume o quarto"? Poderíamos ter um muito bonitinho dizendo: "Não chame a polícia, é tudo consensual". Agora, isso seria muito difícil, porque a sexualidade vive também no espaço público.

Maria Homem – E vive no inconsciente. Porque não sabemos nem o que é consensual para nós mesmos. E talvez, para provocar, o sexo mais interessante seja aquele que nos revele coisas que nem nós sabíamos do nosso próprio desejo e as quais normalmente não consentiríamos. Mas falar isso é perigoso.

Contardo – É perigosíssimo porque, paradoxalmente, é o que o estuprador acha, que ele vai mostrar para a vítima que, na verdade, ela gostou daquilo.

Maria Homem – Mas podemos combinar aquela regra básica do boxe: bateu no chão, aí é sério. Aí tem que chamar o juiz.

Contardo – Não é fácil que todo mundo respeite isso...

Maria Homem – Sim, aí é necessário todo um processo histórico que transforme, debata e simbolize isso, que eduque e coloque limites que todo mundo respeite.

Contardo – Mas tem também aquela fantasia, aquela presunção especialmente masculina, de que a outra pessoa não sabe, mas, no fundo, você é o objeto do desejo dela. Quando ela diz que não quer você, é porque está se enganando.

Maria Homem – É por isso que estou dizendo: tem que falar "não". "Não! Não! Pare! Pare!" Só que é "pare" mesmo. Seria "a regra última do limite", vamos chamar assim. Eu sei que é complicado...

Contardo – Em clubes BDSM funciona: alguém fala a senha, palavra que foi acordada antes, e o jogo para. Mas a realidade do nosso mundo é que existem países, como a África do Sul, onde se pratica o que é chamado explicitamente de estupro "corretivo". Há grupos de homens que escolhem lésbicas na rua e as submetem a um estupro coletivo com a ideia de que isso seria "curativo", porque elas aprenderiam que, na verdade, gostam de homens. O que, realmente, é improvável que aconteça.

Maria Homem – Depois dessa experiência, elas certamente vão "amar" os homens. É uma pedagogia muito inteligente...

Contardo – É incrível pensar o que está por trás disso. A que ponto chega o cara para pensar: "Meu, essa mulher, depois de passar por mim e por meus quatro amigos, vai adorar"? E o homem que confunde totalmente estupro com desejo e diz a uma mulher: "Você não merece ser estuprada porque é feia demais"? É o homem que acha que ele é um presente sexual.

Maria Homem – A que ponto chega o narcisismo... Também a menina que se apaixona consecutivamente por *gays* – não vamos tratar somente o homem como vilão máximo da história – e acredita: "Ele vai me amar". A nossa fantasia narcísica e erótica é infinita.

Contardo – Sem dúvida, também há essa presunção, que existe até no assédio sexual clássico. Por exemplo, um palhaço como **Harvey Weinstein** devia achar que a visão dele pelado era realmente uma coisa...

Maria Homem – ... para aparecer de roupão e *tcharam*! Sendo que depois se descobriu que ele era impotente e que algum criado lhe dava injeções para resolver o problema, não é?

Contardo – De prostaglandina, no pênis.*

Maria Homem – É incrível. Essa história me dá muita pena, de verdade. Porque o auge do espetáculo dele era falso.

Contardo – Mas sabe que, voltando ao que você disse antes sobre o pênis ser dois, um mole e um ereto, a grandíssima maioria dos exibicionistas, vestidos com um sobretudo na frente

---

* Substância que atua na dilatação dos vasos sanguíneos. (N.E.)

de uma escola e que abrem o casaco quando as menininhas saem, pois é, não consegue se mostrar ereto.

Maria Homem – O que nos dá a pista da estrutura da fantasia.

Contardo – Os estupradores também são assim. A maioria dos estupros, contrariamente ao que as pessoas pensam, são orais porque o cara não consegue ter ereção para penetrar. É claro que isso mudou um pouco com o Viagra – veja só para o que foi servir...

Maria Homem – Mas o problema é sempre o uso que fazemos da técnica. Ele pode ser feliz ou infeliz.

Limites entre o gozo e o assédio

Contardo – Eu queria que a gente retomasse o debate em torno da carta* de um grupo de francesas, incluindo a atriz **Catherine Deneuve** e a escritora **Catherine Millet**, autora de *A vida sexual de Catherine M.***

Maria Homem – O livro de Millet, aliás, também é um soco no estômago pela revelação da sexualidade e da erótica feminina.

Contardo – Sim, realmente é um livro muito importante, que saiu no início deste século. Mas só para lembrar: houve um debate entre esse grupo de francesas e, vamos dizer, outras feministas – porque não acredito que Catherine Deneuve e Catherine Millet não sejam feministas também.

Maria Homem – Foi um debate tido como entre francesas e americanas ou entre gerações: feminismo mais antigo e feminismo mais contemporâneo.

---

* Carta aberta publicada no início de 2018 pelo jornal francês *Le Monde* e assinada por um grupo de cem artistas, intelectuais e acadêmicas francesas, em resposta às denúncias de assédio sexual na indústria do entretenimento. (N.E.)

** Nesse livro, publicado no Brasil em 2001, a autora conta detalhes de sua vida sexual, descrevendo, por exemplo, sem pudor, as relações que teve com vários homens ao mesmo tempo, muitas vezes em locais públicos, e sem qualquer tipo de vínculo sentimental. (N.E.)

Contardo – E as francesas escreveram uma carta dizendo que queriam ter a liberdade de ser "cantadas". Mas a questão vai um pouco além disso. Porque, quando lemos o livro de Catherine Millet, que é autobiográfico, ao redor de uma vida sexual não só promíscua mas, de um ponto de vista mais tradicional, arriscada, no fundo, podemos imaginar que, nas entrelinhas dessa carta, o que ela diz é: "A minha fantasia sexual pode se estender a áreas que vocês acham insuportáveis e que, para vocês, deveriam ser totalmente proibidas".

Maria Homem – "Eu quero andar no beco escuro, quero que saia um homem dali e me estupre. E vou gozar com isso." E agora? Complicou.

Contardo – Complica singularmente, porque não podemos não levar isso a sério. É claro que também não podemos dizer que todo mundo pode, então, estuprar todo mundo num beco escuro. Mas a questão não é passível de ser resolvida como você dizia antes, como algo pactuado de antemão: "Vamos dizer o que pode e o que não pode". Não, porque não é um jogo. O que se quer é o risco dessa situação. É isso que faz gozar.

Outro problema: nesse debate, as americanas (desde a época de Andrea Dworkin) diriam que a prostituição ou a pornografia seriam o cúmulo da objetificação da mulher pelo homem.

Maria Homem – Mas o feminismo se divide nessa questão.

Contardo – Certamente. E nem precisamos ir até a França buscar uma resposta para isso. Basta ler o livro* seminal de **Gabriela Leite**, por exemplo, em que ela diz que adora ser prostituta e que goza com isso.

Maria Homem – "Eu gosto de ser puta e gozo com isso. Eu gosto de ser estuprada e gozo com isso."

Contardo – Como conciliar, então, essas posições que são explícitas, fidedignas, menos raras do que muitos supõem e que, para mim, não podem ser desrespeitadas? Sabe, para mim, nem por eu ser psicanalista, mas simplesmente pela maneira como fui criado, "eu quero ter um único parceiro, meu cônjuge, para a vida toda, e só fazer sexo que tenha uma chance de ser reprodutivo" e "eu quero me prostituir no beco escuro" são realmente propósitos igualmente respeitáveis e que têm a mesma dignidade moral. "Eu quero me prostituir pelos becos escuros do mundo" é um propósito fidedigno e legítimo, uma liberdade

> **"Eu quero me prostituir pelos becos escuros do mundo" é um propósito fidedigno e legítimo, uma liberdade que é preciso garantir.**

---

* *Filha, mãe, avó e puta.* São Paulo: Objetiva, 2009. (N.E.)

que é preciso garantir. E nós sabemos que a prostituição é uma fantasia sexual feminina frequente, comum.

Maria Homem – Não assusta nem choca. Se não hoje, pelo menos será assim no futuro. Cada qual com sua digna fantasia sexual e de vida.

Contardo – Como conciliar isso com a fala de que a prostituição é degradante para a mulher? Essa mesma questão se coloca sobre a prostituição masculina também, é claro. Por sorte, não vivemos num lugar onde a prostituição seja proibida. A exploração é proibida, mas não a prostituição como tal. Mas há lugares, como em grande parte dos Estados Unidos, onde a prostituição é proibida mesmo – o que não a impede de existir. Não existe lei que impeça a prostituição, isso está comprovado.

Maria Homem – Nem o uso de substâncias ilícitas, nem o culto a todos os tipos de deuses. Ou seja, todas as transcendências são desejadas e realizadas mesmo sob pena de morte.

Contardo – Os legisladores realmente perdem tempo com coisas que não fazem diferença nenhuma. Mas, enfim, como conciliar a posição que diz: "Não, isso é uma objetificação produzida pelo desejo masculino de aviltar a mulher" com a fantasia do "eu quero ir a um beco escuro ser estuprada"? Isso naquele dia; talvez a mulher não tenha esse desejo sempre.

Mas naquele dia ela sai de casa com essa fantasia. Alguém pode pensar: "Mas essa mulher é maluca". Não, não é. É só ler **Helene Deutsch**, volumes I e II da *Psicologia da mulher*, um livro escrito nos anos 1930, em que ela conta da frequência da fantasia de penetrações múltiplas e de estupro coletivo em adolescentes. E conta isso a partir da experiência clínica dela. Não estamos falando de coisas raríssimas e bizarras. Ao mesmo tempo, ficamos totalmente inibidos porque pensamos: será que estamos legitimando aquele bando de cretinos que descem para o centro da cidade na Virada Cultural, por exemplo, para tentar estuprar uma menina num canto escuro? Não, certamente não. Mas é um problema: como conciliar toda a temática de luta contra o estupro, o abuso e a violência com o fato de que temos que respeitar o caráter extremo de fantasias sexuais femininas que, no fundo, são quase triviais? Eu realmente não tenho uma resposta para isso, mas acho que não é possível levantar com seriedade essas questões sem levar em conta, de novo, a fantasia feminina e a sexualidade da mulher. Porque senão vamos reproduzir o mesmo tipo de recalque que começou 2 mil anos atrás, ou seja, vamos silenciar o desejo da mulher.

> **Como conciliar toda a temática de luta contra o estupro, o abuso e a violência com o fato de que temos que respeitar o caráter extremo de fantasias sexuais femininas que, no fundo, são quase triviais?**

Maria Homem – Mas, aí, a gente talvez tenha uma brecha para a seguinte pergunta: será que as fantasias inconscientes e que estruturam o gozo e a sexualidade de todos os mortais, que em alguns casos – os melhores – se tornam conscientes delas e por isso exercem sua sexualidade de uma forma mais potente, não são também construídas historicamente e talvez daqui a cem, duzentos anos as mulheres gozem de forma diferente? Temos hoje esse tipo de fantasia – "me joga na parede e me chama de lagartixa" (aliás, expressão engraçada) – talvez porque ainda haja um imaginário de potência masculina e de virilidade do macho assertivo que nos enlaça e prensa contra a parede. Como na estrutura de qualquer fantasia, gozamos disso porque aí, nesse momento, somos ativos na realização dessa cena. E nós sabemos que uma das funções centrais da fantasia é se colocar ativo, mesmo ao se colocar como objeto.

Existe aí uma distinção muito importante porque uma coisa é a mulher acordar com o desejo de ser estuprada e realizar ou não essa fantasia na balada. Nessa situação, ela está sendo mulher e sujeito ativo, o que é diferente de estar num beco andando e ser surpreendida. Como sinalizar, talvez, para um homem que faça um papel de estuprador que "*o.k.*, pode vir que eu banco essa fantasia que por acaso é a minha" ou "opa, alto lá, essa não é a minha"? Vamos diminuir o grau de imaginação: como a menina comunica para o cara na balada que tenta beijá-la que "não, não quero" ou "não é a minha, eu gosto de mulher"? Como comunicar sua fantasia? O outro vai ouvi-la? Existe isso? Ou seria o cúmulo de uma relação intersubjetiva avançadíssima para a qual ainda não estamos preparados? Porque esse jogo é sutil, mesmo no interior dos melhores casais, porque aí também existe um jogo erótico em que eles vão se descobrindo, sinalizando, comunicando, permitindo, pedindo, criando juntos e, assim, desenrolando o fio dessa sexualidade.

Contardo – De novo estamos sem resposta. A única coisa que não podemos fazer nessa história é recalcar uma fantasia sob o pretexto de querer salvaguardar, sei lá, uma ideia qualquer – por exemplo, que o sujeito nunca deveria ser tratado como objeto ou que qualquer forma de domínio e poder seria ruim. No fundo, salvaguardar qualquer ideia dessas significa querer impor a todos uma mesma fantasia (querer transar só no escuro, em silêncio, no casamento e para reproduzir, obviamente, é uma fantasia tanto quanto a do beco escuro). Mais frequentemente ainda, essa "salvaguarda" é apenas mais uma expressão do recalque da sexualidade e do desejo femininos.

Maria Homem – Esse recalque é exercido por homens e mulheres, diga-se de passagem. Mas também não podemos nos fixar numa fantasia de purismo, de um lugar libertário e libertado do feminino ou de qualquer sujeito, porque isso é falso. Nunca vai chegar o momento em que todos seremos sujeitos simultaneamente. Talvez seja disto que estamos falando aqui, de aceitarmos o próprio limite do nosso sonho de não dominação, ao menos em alguns momentos, em alguns registros, mesmo que seja no imaginário da cena. Não há como ser sujeitos juntos no momento do gozo. É cada um na sua viagem particular, não? Isso é complicado. Porque o cara que pega a mulher de jeito está sendo sujeito na fantasia dele. E a mulher está sendo sujeito na fantasia dela quando pede: "Me pegue de jeito". Veja só, todos podemos ser sujeitos ao mesmo tempo, mas não um com o outro, apenas solitariamente. Melhor seria, então, a realidade virtual. Depois que andei numa montanha-russa virtual, quer dizer, com óculos de realidade virtual, e gritei, entendi para onde estamos indo. E aí conseguiremos ter paz e acabar com o *bullying*, porque cada um vai poder realizar a sua fantasia. Cada um vai desenhar, colocar os seus comandos, e cada vez mais a tecnologia vai nos ajudar a sentir e a gozar, mas sozinhos, sem derramar uma gotinha sequer de sangue.

Contardo – É possível. Eu sempre achei que a realidade virtual é uma melhora.

Maria Homem – É mais barata e mais segura. Limpinha.

Contardo – Primeiro porque eu nunca acreditei que existissem relações propriamente reais. Acho que as relações são virtuais de qualquer forma. Que as pessoas se encontrem ou fiquem transando ao telefone ou *on-line*, tanto faz. Porque cada um traz, fundamentalmente, a sua fantasia usando a presença do outro como pretexto.

Maria Homem – E o corpo.

Contardo – Sim. Ou a imagem. Ou a voz.

Maria Homem – E uma presença que, às vezes, nem precisa estar lá também. Às vezes você quer só o corpo e tira o outro de cena.

Contardo – Agora, seria divertido todo mundo na balada de óculos...

Maria Homem – Já é um pouco assim, com as drogas na balada. Por exemplo, uma *rave* são corpos dançantes e passantes, tocantes... Quase não dá para articular uma linguagem. Talvez a fala e a escuta ainda sejam aquela coisa mais antiga, ancestral, de uma suposta cena de contato, de comunicação que está em extinção. E talvez por isso nossos consultórios ainda ganhem muito dinheiro, porque somos o último receptáculo de uma fala mais ou menos não defendida e por ora necessária. Mas um dia, talvez, a gente não tenha mais essa angústia de comunicação, de relação, de intercomunicação e vá simplesmente explodir. Nós vamos desenhar um cenário bem sujo, mas com um grafismo maravilhoso e excelente.

Já estamos fazendo uma grande experimentação com os *videogames*. Todos seremos grandes *gamers*, porque esse é o futuro.

Contardo – Claro, a realidade virtual desenvolve isso muito além do que podemos imaginar. Eu me lembro de ter escrito sobre uma empresa nos Estados Unidos, nos anos 1990, para onde você podia mandar, mesmo que não fosse um grande escritor, uma espécie de escaleta do que seria a sua fantasia sexual preferida. E essa empresa desenvolvia uma narrativa que resultava numa HQ que poderia servir para você se masturbar ou não, enfim, problema seu. Isso permitia que vários desenhistas de quadrinhos desempregados pudessem ganhar a vida e que você conseguisse uma HQ de suas fantasias sexuais preferidas, com as pessoas de sua escolha, que podiam ser parecidas com pessoas famosas ou com a sua namorada.

Maria Homem – Você tem o seu livrinho?

Contardo – Não, eu não fiz. Só cheguei até a primeira fase, porque era bem caro. Só mandei um arcabouço e recebi o orçamento.

Maria Homem – Se no sexo as coisas são mais dúbias porque gozamos e temos fantasias mais claramente masoquistas, acho que no laço social clássico ou sublimado não erótico talvez tenhamos mais condições de dizer "isso não". Mesmo que alguém goze sendo humilhado pelo chefe e descubra eventualmente numa análise que essa é sua posição primária e que essa cena sempre vai se repetir, que, por mais que mude de emprego, vai encontrar chefes e parcerias que o enganem ou que o bolinem. Aí acho que podemos mais claramente dizer que é contra a lei. É mais fácil de legislar, porque está fora da cena privada do sexo, é público. Lembro do caso de um menino nos Estados Unidos que matou colegas na escola.* Ele era jogador de futebol americano, estava no lugar clássico de destaque no *high school*, nesse imaginário americano, mas ao mesmo tempo até o técnico lhe dizia: "Você fede, moleque". Havia uma humilhação pública. Não vamos mais permitir esse tipo de fala, a naturalização desse tipo de comportamento vai acabar. Vamos dizer: "O quê? O que você está falando? Por que pensa que pode falar assim com alguém, só porque esse outro é negro, mulher, pobre, seu aluno, mais novo etc.?". Cada vez mais vamos criticar e deixar de aceitar esse tipo de cena de humilhação pública, que é muito ocorrente, mesmo nos melhores cenários. Um diretor de audiovisual, de cinema, TV e publicidade – tem alguns que são famosíssimos, que ganham milhares pela diária – pensa que pode se dar ao luxo de gritar e humilhar as pessoas? "Ah, mas o cara é gênio!" Temos essa fantasia de junção da genialidade com a grosseria,

---

* O caso aconteceu em maio de 2018, quando um estudante de 17 anos matou 10 pessoas em uma escola no Texas. (N.E.)

da potência com o assédio. Mas isso está em transformação e vai incidir profundamente sobre o feminino.

Contardo – Ao mesmo tempo, o *bullying* realmente pernicioso do ponto de vista das consequências que pode ter sobre alguém que se sente, enfim, objeto disso, é sempre um *bullying* coletivo.

Maria Homem – Sim. É o todos contra um. E é um pouco público.

Contardo – É sempre coletivo e, por isso, também é público porque, no mínimo, é público dentro daquele grupo. E isso vemos muito bem nas redes sociais, num grupo de WhatsApp, por exemplo.

Maria Homem – O cara manda *nudes* da menina com quem ele ficou e ela se mata depois disso.

Contardo – Sim. Mas o interessante é que o *bullying* é sempre um pouco circular. Ele acontece dentro de um grupo ao qual a vítima gostaria de pertencer, ou seja, do qual a vítima se sente excluída justamente pelo que está sendo compartilhado sobre ela. Se fosse só uma agressão verbal ou física, seria relativamente fácil combatê-lo nas escolas ou nos lugares de trabalho. Mas o problema é a dimensão coletiva disso, porque, no fundo, quase sempre a vítima gostaria de ser incluída no grupo que a está vitimizando. Ela sente, então, muita dificuldade em denunciar a agressão, porque, se fizer isso, vai confirmar e proclamar a sua exclusão. Mas ser vítima de *bullying* é um problema tanto masculino quanto feminino. O que é especificamente feminino é o *bullying* sexual: "Mando para todo mundo a foto de você pelada sentada na minha cama". Ou seja, ele está ligado a uma revelação. Para a mulher, é socialmente destrutivo quando o homem a revela transando ou, mesmo quando não há sexo, tira uma foto com o pênis para fora do lado dela dormindo ou mostra que a deixou sem o sutiã ou a calcinha, mas o interessante é que a recíproca não é verdadeira. Pelo contrário.

Maria Homem – Ou seja, ainda estamos milênios atrás.

Contardo – Exatamente. Num mundo onde a sexualidade feminina não fosse culturalmente objeto do maior recalque, o *bullying* não funcionaria da mesma forma.

Maria Homem – E isso aparece não só na relação da mulher com a sexualidade, mas também na do homem, com a possível feminização dele mesmo. "Seu *viadinho*" é um enunciado clássico de assédio. "Você não é homem suficiente, é 'mulherzinha'." Portanto, o feminino é objeto de recalque tanto na mulher quanto no homem. O homem não pode ser nada próximo de um lugar de feminino. Isso é evidente na clínica. Posso dizer que 100% dos *gays* que atendemos sofreram *bullying* na infância ou na adolescência. E replicam esse enunciado entre eles: "E aí, gata?"; "Fala *bichinha*!"; "Tudo bem, *viado*?"; "Ai, a louca". É uma forma de elaborar essa opressão, digamos, e de simbolizar isso. É como se o feminino fosse interditado. Ponto final. Em qualquer instância, em qualquer corpo, em qualquer lugar. Só que aí estamos, de novo, desconstruindo tanto a eventual fragilidade quanto a eventual potência. São atributos do humano, de qualquer gênero. Não uma caraterística *a priori* das fêmeas e dos machos. É isso que deve ser quebrado, fissurado em nossa mente.

Contardo – Não sou muito otimista quanto a isso, mas tudo bem.

Maria Homem – Sim, concordo com você. Eu me alinho mais com uma posição cética na vida em geral e na maneira de ler os movimentos atuais. A prova disso é que estamos vendo os discursos de força e de autoritarismo que estão dentro da política, não só brasileira mas, em geral, contemporânea. Dentro da política, nas ruas, em diversas instituições.

Contardo – Os fenômenos coletivos são sempre os piores.

Maria Homem – "A unanimidade é burra", diria **Nelson Rodrigues**. E o funcionamento psíquico das massas é bastante arcaico, como Freud bem escreveu.

Contardo – Grupo de adolescentes é capaz de coisas inenarráveis, das quais cada um dos membros tomado singularmente nunca seria capaz.

Maria Homem – *Laranja mecânica*,* um clássico! Eu tenho medo de grupo. Aliás, tenho medo de gangue. Qualquer gangue. Sempre vou acreditar na possibilidade do pensamento, que é tragicamente solitária. Às vezes, em algumas exceções, existe alguma troca.

Espero que este nosso encontro tenha sido um momento, mesmo que efêmero, dessa possibilidade dialógica.

---

* Filme de 1971, dirigido por Stanley Kubrick, baseado em romance de mesmo nome escrito por Anthony Burgess e publicado em 1962. Conta a história de um jovem, líder de um grupo de delinquentes, que comete uma série de crimes violentos, até ser pego e passar por uma polêmica tentativa de reabilitação. (N.E.)

Glossário

Agostinho (354-430): Nascido Agostinho de Hipona, foi um bispo católico, teólogo e filósofo latino. Considerado santo e doutor da Igreja, escreveu mais de 400 sermões, 270 cartas e 150 livros. É famoso por sua conversão ao cristianismo, relatada em seu livro *Confissões*.

Aristóteles (384 a.C.-322 a.C.): Filósofo grego, é considerado um dos maiores pensadores de todos os tempos e figura entre os expoentes que mais influenciaram a cultura ocidental, tendo deixado um importante legado nas áreas de lógica, física, metafísica, da moral e da ética, além de poesia e retórica. Acreditava na existência de um motor imóvel, um primeiro movimento responsável por fazer mover todas as coisas.

Arsan, Emmanuelle (1932-2005): Romancista francesa nascida na Tailândia, com o nome Marayat Bibidh, ficou conhecida pelo livro *Emmanuelle*, que inspirou uma série de filmes com título homônimo e conta as aventuras de uma mulher em busca de conhecer a própria sexualidade.

Badinter, Elisabeth (1944): Filósofa e escritora francesa, é um dos nomes mais importantes do movimento feminista. Dentre suas obras, destaca-se *Um amor conquistado: O mito do amor materno*, seu primeiro livro, que causou polêmica ao contestar a maternidade como instinto natural.

Beauvoir, Simone de (1908-1986): Intelectual francesa, ícone do feminismo e companheira de Sartre, foi renomada filósofa e romancista. Polêmica e provocativa, a afirmação "Não se nasce mulher, torna-se mulher", feita em seu livro *O segundo sexo*, tornou-se lema dos movimentos de gênero empreendidos a partir dos anos 1960.

Belotti, Elena Gianini (1929-2022): Escritora italiana, dirigiu entre 1960 e 1980 o Centro de Nascimento Montessori, em Roma, onde ajudava futuras mães a se prepararem para o parto e os cuidados com os filhos. Esse trabalho foi de grande inspiração para sua carreira literária, da qual se destaca o livro *Dalla parte delle bambine*, em que analisa a influência, nos primeiros anos de vida, do condicionamento social na formação do papel feminino.

Butler, Judith (1956): Filósofa pós-estruturalista americana, é um dos principais nomes do feminismo contemporâneo, referência nos estudos de gênero e da teoria *queer*. Defende que a identidade não é singular, e sim plural, entendendo o gênero como uma construção social, "performada" pelos indivíduos. Em 2017, em passagem pelo Brasil, sofreu vários protestos de grupos conservadores, que queimaram bonecos com seu rosto.

Castro, Fidel (1926-2016): Grande líder para uns, ditador implacável para outros, esteve à frente da Revolução Cubana, assumindo o controle do país em 1959. Governou a República de Cuba como primeiro-ministro até 1976 e, depois, como presidente de 1976 a 2008. Em sua administração, estabeleceu um Estado socialista unipartidário, promoveu a reforma agrária e a nacionalização da indústria.

Clemente de Alexandria (150-215): Tito Flávio Clemente nasceu em Atenas e foi um dos primeiros padres da Igreja. Fundou a Escola de Alexandria, onde propagou a doutrina cristã, justificando-a racionalmente por meio da filosofia grega, que considerava boa e derivada de Deus. Para ele, a filosofia ajudava a afastar o homem dos vícios e das paixões, permitindo o desenvolvimento da espiritualidade.

Darwin, Charles (1809-1882): Biólogo e naturalista inglês, suas observações da natureza levaram-no ao estudo da diversidade das espécies e, em 1838, ao desenvolvimento da teoria da seleção natural. Em sua obra *A origem das espécies*, de 1859, apresenta a teoria da evolução das espécies a partir de um ancestral comum.

Davis, Angela (1944): Filósofa americana e professora emérita da Universidade da Califórnia, é um dos ícones da luta pelos direitos civis. Foi presa em 1970, acusada de conspiração, sequestro e homicídio, tendo sido inocentada em julgamento que mobilizou o país, com várias manifestações pedindo por sua libertação. Na década de 1980, foi candidata à vice-presidência da República dos Estados Unidos pelo Partido Comunista. Escreveu vários livros, entre eles *Mulheres, raça e classe*, um clássico do feminismo negro.

Deleuze, Gilles (1925-1995): Filósofo francês, publicou obras de análise crítica sobre diversos pensadores contemporâneos como Nietzsche, Kant e Espinosa. Também são significativas suas intervenções em outras áreas do conhecimento, como atestam seus trabalhos sobre Proust e Sacher-Masoch. Tem diversas obras traduzidas para o português, entre as quais *A dobra: Leibniz e o barroco*, *Foucault* e *Para ler Kant*.

Deneuve, Catherine (1943): Nome artístico de Catherine Fabienne Dorléac, atriz francesa conhecida mundialmente. Trabalhou com importantes cineastas, como Luis Buñuel, em *A bela da tarde*, e com Roman Polanski, em *Repulsa ao sexo*, filmes que a transformaram em símbolo sexual e sinônimo de beleza.

Derrida, Jacques (1930-2004): Filósofo francês conhecido pela teorização do desconstrutivismo, é um dos mais renomados pensadores da pós-modernidade. Deixou um grande legado intelectual para o Brasil e outros países que foram colonizados pelos povos europeus, pois desmascarou os rastros do imperialismo.

Deutsch, Helene (1884-1982): Psicanalista polonesa, socialista e defensora dos direitos das mulheres, foi discípula de Freud e uma das pioneiras nos estudos sobre a psicologia feminina.

Dworkin, Andrea (1946-2005): Ativista americana, suas ideias sobre o feminismo são consideradas bastante radicais. Escreveu livros com severas críticas à pornografia, que entendia estar ligada ao estupro e a outras formas de violência contra a mulher.

Ehrenreich, Barbara (1941-2022): Escritora e ativista americana, seu trabalho centrava-se nos estudos feministas e comportamentais.

Engels, Friedrich (1820-1895): Socialista alemão, filho de um rico industrial, ficou impressionado pela situação de miséria dos operários. Com Karl Marx, estabeleceu as bases do marxismo e escreveu o Manifesto Comunista. Após a morte de Marx, ajudou a publicar os dois últimos volumes de O Capital.

Foucault, Michel (1926-1984): Filósofo francês, dedicou-se a discutir o conceito de loucura, tendo em vista que sua referência varia conforme a época, o lugar e a cultura. Foi também um analista agudo do poder em todas as suas formas. *História da loucura na idade clássica, As palavras e as coisas, A arqueologia do saber* e *Vigiar e punir* são algumas de suas obras.

Freud, Sigmund (1856-1939): Médico neurologista e psiquiatra austríaco, ficou conhecido como o "pai da psicanálise" por seu pioneirismo nos estudos sobre a mente e por apresentar ao mundo o inconsciente humano. Defendia a tese de que há uma relação entre histeria e sexualidade e estudou o impacto dos traumas sofridos na infância para a vida mental adulta. Sua obra tornou-se objeto de questionamento, mas é, inegavelmente, ainda muito influente.

Guevara, Ernesto "Che" (1928-1967): Médico graduado, nascido na Argentina, Ernesto Rafael Guevara de la Serna ficou conhecido por sua atuação na guerrilha política que buscava depor governos autoritários. Esteve ao lado de Fidel Castro na Revolução Cubana, que culminou com a instauração de um novo regime político, de orientação socialista, naquele país. Lutou no Congo e na Bolívia, onde foi capturado e assassinado pelo exército boliviano em colaboração com a CIA, o serviço de inteligência americano.

Guy de Maupassant, Henry René Albert (1850-1893): Escritor e poeta francês, explorou os traços psicológicos de seus personagens e histórias que lhe permitiam dar vazão à sua crítica social. Além de romances e peças de teatro, escreveu mais de 300 contos; entre os mais conhecidos estão *Bola de sebo*, *Uma aventura parisiense*, *Mademoiselle Fifi* e *O horla*.

Hochschild, Arlie Russell (1940): Socióloga e professora universitária americana, dedica-se ao estudo da "sociologia das emoções", que analisa como padrões socialmente construídos procuram adequar os sentimentos, e também a temas referentes a família e cultura de mercado.

James, E.L. (1963): Escritora britânica, tornou-se mundialmente conhecida pelo *best-seller* erótico *Cinquenta tons de cinza*, o primeiro de uma trilogia que depois foi adaptada para o cinema. Seus livros venderam milhões de exemplares, em diversos países.

Kipnis, Laura (1956): Professora e crítica cultural americana, seu trabalho é voltado aos temas relacionados à sexualidade. Causou polêmica em 2015 ao publicar um artigo criticando o que chamou de "paranoia sexual", após um colega seu na universidade Northwestern ser acusado de assediar duas alunas. Sobre isso, escreveu o livro *Unwanted advances: Sexual paranoia comes to campus*.

Leite, Gabriela (1951-2013): Nascida em São Paulo, estudou Ciências Sociais na USP, mas largou o curso para se tornar prostituta. Em 1992, fundou a ONG Davida, em defesa dos direitos das prostitutas e da regulamentação da profissão. Foi também idealizadora da grife de roupas Daspu e escreveu o livro *Filha, mãe, avó e puta*, publicado em 2009, contando a sua trajetória.

Lênin (1870-1924): Chefe de Estado responsável pela Revolução Russa de 1917, foi o primeiro dirigente da União Soviética. Como líder do partido comunista, influenciou os partidos de esquerda marxistas de todo o mundo. Após sua morte, seu corpo foi embalsamado e ainda hoje está conservado no mausoléu de Lênin.

Macron, Emmanuel (1977): Político francês, foi eleito presidente de seu país em 2017, alguns meses depois de ter fundado o partido progressista Em Marcha!. Em sua campanha presidencial, defendeu a necessidade de uma reforma econômica liberal aliada ao bem-estar social, mas protestos o acusam de governar somente para os ricos.

Marquês de Sade (1740-1814): Donatien Alphonse François de Sade foi um controverso escritor francês. Seu nome deu origem ao termo "sadismo", em razão do conteúdo de suas obras, como *A filosofia na alcova*, em que descreve orgias e perversões sexuais. Passou boa parte da vida em prisões e manicômios, por conta de seu comportamento libertino.

Marx, Karl (1818-1883): Cientista social, filósofo e revolucionário alemão, participou ativamente de movimentos socialistas. Seus estudos resultaram na obra *O capital* (1867), que exerce até hoje grande influência sobre o pensamento político e social no mundo todo.

Millet, Catherine (1948): Escritora e crítica de arte francesa, foi uma das coautoras do manifesto contra o movimento Me Too, iniciado em 2017 após denúncias de assédio sexual na indústria cinematográfica. No manifesto, bastante criticado, defendeu o "direito de importunar", que seria indispensável para assegurar a liberdade sexual. Em 2001, já havia causado polêmica ao publicar o livro *A vida sexual de Catherine M.*, contando detalhes de sua agitada vida sexual.

Musk, Elon (1971): Bilionário nascido na África do Sul, vive nos Estados Unidos, onde fundou a Tesla Motors, empresa especializada em carros elétricos, e a SpaceX, com o objetivo de reduzir os custos do transporte espacial e, assim, colonizar Marte.

Nietzsche, Friedrich (1844-1900): Filósofo alemão, elaborou críticas devastadoras sobre as concepções religiosas e éticas da vida, propondo uma reavaliação dos valores humanos. Algumas de suas obras mais conhecidas são *A gaia ciência* (1882), *Assim falou Zaratustra* (1883), *Genealogia da moral* (1887) e *Ecce homo* (1888).

Nin, Anaïs (1903-1977): Escritora francesa, foi precursora de ideias libertárias sobre a mulher e o sexo. Ficou famosa pela publicação de contos eróticos e de seus diários pessoais, em que revelava desejos e detalhes de seus relacionamentos, como o que manteve com o também escritor Henry Miller e sua esposa June.

Preciado, Paul B. (1970): Nascido Beatriz Preciado, é um filósofo e ativista espanhol transgênero, conhecido por aplicar em si próprio injeções de testosterona, processo que descreve no livro *Testo Junkie*. Um dos teóricos do *queer* e ex-aluno de Jacques Derrida, questiona os modos de subjetivação e identidade, propondo um contrato contrassexual, rejeitando classificações binárias como "homem" e "mulher".

Réage, Pauline (1907-1998): Um dos pseudônimos de Anne Cécile Desclos, escritora francesa conhecida por suas obras de literatura erótica, como *História de O*, publicada em 1954, sobre uma mulher que consente se submeter a uma série de práticas sadomasoquistas.

Rodrigues, Nelson (1912-1980): Jornalista e dramaturgo, é considerado por alguns como a mais revolucionária figura do teatro brasileiro. Seus textos eram permeados de incestos, crimes e suicídios. Entre suas peças, destacam-se *Vestido de noiva* e *Toda nudez será castigada*.

São Paulo (c. 10-67): O apóstolo Paulo de Tarso foi o maior propagador do cristianismo depois de Cristo. Muitos críticos, porém, o acusam de deturpar a mensagem cristã, posto que pregava uma doutrina da salvação que seria distinta daquela defendida por Jesus, além de fazer apologia à escravidão e legitimar a submissão feminina, conforme interpretação de suas epístolas.

Sartre, Jean-Paul (1905-1980): Filósofo e escritor francês, foi um dos principais representantes do existencialismo. Romancista, dramaturgo e crítico literário, conquistou o prêmio Nobel, em 1964, mas o recusou. *Crítica da razão dialética* e *O ser* são algumas de suas obras mundialmente conhecidas.

Schreber, Daniel Paul (1842-1911): Jurista alemão, foi vice-presidente de tribunal (mas era sempre chamado de presidente). Sofria do que chamou de "doença dos nervos" em livro de memórias depois analisado por Freud. Seu pai, o médico ortopedista Daniel Gottlieb Moritz Schreber, pregava um método bastante polêmico de educação, que envolvia rigoroso treinamento com a prática de exercícios físicos constantes, aliados ao uso de aparelhos idealizados por ele e a repreensões sistemáticas.

Tertuliano (150-220): Teólogo romano, foi um dos maiores escritores da Igreja primitiva do Ocidente. Seu pensamento é bastante polêmico, marcado pelo fanatismo e pelo rigor com que entendia os preceitos cristãos.

Tsé-Tung, Mao (1893-1976): Estadista, líder revolucionário e chefe do partido comunista chinês, suas ideias influenciaram marxistas no mundo inteiro. Organizou sindicatos e entidades da classe operária e camponesa. Em 1949, tornou-se chefe de Estado da então proclamada República Popular da China.

Weinstein, Harvey (1952): Ex-produtor de filmes americanos, foi expulso da Academia de Artes e Ciências Cinematográficas e também da própria empresa, que fundou com seu irmão, após ser acusado de assédio sexual e estupro por várias atrizes.

Žižek, Slavoj (1949): Filósofo e psicanalista esloveno, é um dos principais teóricos contemporâneos. Trabalha com diversos temas e suas ideias têm bastante influência de Karl Marx e Jacques Lacan. Provocador, é conhecido por suas críticas à cultura e à política pós-moderna.

Especificações técnicas

Fonte: Adobe Garamond Pro 12,5 p
Entrelinha: 18,3 p
Papel (miolo): Off-white 80 g
Papel (capa): Cartão 250 g
Impressão e acabamento: Paym